Wirtschaftsstandort Bundesrepublik

Meinolf Dierkes, geb. 1941, ist Direktor am Wissenschaftszentrum Berlin für Sozialforschung und hat einen Lehrstuhl für Technik- und Wissenschaftssoziologie an der TU Berlin inne.
Klaus Zimmermann, geb. 1944, ist Professor für Volkswirtschaftslehre, insbesondere Wirtschaftspolitik, an der Universität der Bundeswehr Hamburg.

Meinolf Dierkes, Klaus Zimmermann (Hg.)

Wirtschaftsstandort Bundesrepublik

Leistungsfähigkeit und Zukunftsperspektiven

Campus Verlag
Frankfurt/New York

Beiträge zum »15. Politischen Vorstandsseminar der Versicherungswirtschaft«,
Frankfurt am Main
31. Januar - 1. Februar 1989

Herausgegeben vom
WISSENSCHAFTSZENTRUM BERLIN FÜR SOZIALFORSCHUNG
Abteilung: Organisation und Technikgenese
Direktor: Professor Dr. Meinolf Dierkes

CIP-Titelaufnahme der Deutschen Bibliothek

Wirtschaftsstandort Bundesrepublik: Leistungsfähigkeit und Zukunftsperspektiven ; [Beiträge zum »15. Politischen Vorstandsseminar der Versicherungswirtschaft«, Frankfurt am Main, 31. Januar - 1. Februar 1989] / Meinolf Dierkes ; Klaus Zimmermann (Hg.). [Hrsg. vom Wissenschaftszentrum Berlin für Sozialforschung, Abt.: Organisation u. Technikgenese]. - Frankfurt/Main ; New York : Campus Verlag, 1990
ISBN 3-593-34261-8
NE: Dierkes, Meinolf [Hrsg.]; Politisches Vorstandsseminar der Versicherungswirtschaft < 15, 1989, Frankfurt, Main>; Wissenschaftszentrum Berlin für Sozialforschung / Abteilung Organisation und Technikgenese

Umschlaggestaltung: Atelier Warminski, Büdingen
Druck und Bindung: Druck Partner Rübelmann, Hemsbach
Printed in Germany

INHALTSVERZEICHNIS

Wirtschaftsstandort Bundesrepublik: Eine zusammenfassende und kommentierende Einleitung

Meinolf Dierkes und Klaus Zimmermann

Was ist eigentlich die Kernfrage in der Diskussion um den Standort Bundesrepublik? Offensichtlich - so meinen wir - geht es hierbei um eine Auseinandersetzung über die Zukunft, im Kern also darum, ob die Bundesrepublik für die dramatischen Veränderungen, die mit einiger Wahrscheinlichkeit auf sie zukommen werden, ausreichend gerüstet ist, um zu verhindern, daß "Wandel zur Krise wird" (Guy Kirsch) - man sollte ergänzen: daß blockierter Wandel sich zur Krise auswächst. Anpassungswille und Anpassungsfähigkeit sind daher die Grundvoraussetzungen zur erfolgreichen Abpufferung und Nutzung von Veränderungen; Rigiditäten, Verkrustungen und die Verlagerung der Anpassungskosten von den direkt herausgeforderten Gruppen und Institutionen auf andere Gruppen und den Staat der sichere Weg nach unten. Teilt man diese Sichtweise, dann wird die Qualitätskontrolle des Standorts Bundesrepublik - in allen Facetten seiner ökonomischen, technologischen, sozialen und politischen Eigenschaften - zu einer Daueraufgabe nach der ebenso simplen wie durchschlagenden Devise, daß man die großen Probleme am besten dann löst, wenn sie noch klein sind; Qualitätskontrolle wird damit zum zentralen Element einer wirtschaftspolitischen Zukunftssicherung.

Qualitätskontrolle eines Wirtschaftsstandorts wie der Bundesrepublik ist aber keine meßtechnische Simplizität; Indikatoren können so oder so interpretiert werden, der Interpretator mag risikofreudig oder risikoavers sein; darüber hinaus ist es keineswegs immer gesichert, daß mit den Indikatoren auch das gemessen wird, was man messen möchte. Diskussion auf der Basis unterschiedlicher Hintergründe, Erfahrungswelten und gesellschaftlich-wirtschaftlicher Interessenlagen wird somit zu einem Klärungsprozeß über Maßstäbe der Qualität und Interpretation von Meßwerten.

Diesem Ziel diente das 15. Vorstandsseminar der Deutschen Versicherungswirtschaft im Jahre 1989, dessen Referate in diesem Band in überarbeiteter Form zusammen mit einem Hintergrundbeitrag der Herausgeber zusammengefaßt sind; von prominenten Autoren aus den Bereichen Wissenschaft, Wirtschaft und aus gesellschaftlichen Gruppen werden die einzelnen Aspekte des Generalthemas beleuchtet und diskutiert; es liegt in der Natur der Sache, daß sich hier und dort Überschneidungen finden, jedoch wird der aufmerksame Leser leicht feststellen, welche Interpretationen, Pointierungen und Nuancierungen sich aus den speziellen Blickwinkeln der Autoren ergeben.

Wir sind aus guter Erfahrung der Ansicht, daß es für Interessierte mit knappem Zeitbudget - damit sie zu Lesern werden - immer empfehlenswert ist, die wesentlichen Linien der Argumentation der Autoren in einem einführenden Beitrag zu skizzieren, was im folgenden geschehen soll - und was im Anschluß daran abgerundet werden wird durch einige Gedanken der Herausgeber zum zugegebenermaßen subjektiven Lernergebnis aus Präsentation und Diskussion.

* * *

Meinolf Dierkes und *Klaus Zimmermann* fragen eingangs nach den Zusammenhängen zwischen der Aktualität der Diskussion über den Standort Bundesrepublik und der wahrgenommenen Kompetenz von Regierung und politischem System bei der Lösung der damit verbundenen heutigen und vor allem zukünftigen Probleme. Auf der Basis spezieller Erfahrungen im Umkreis der Steuerreform und der Ansprüche, mit denen die konservativ-liberale Bundesregierung nach der sogenannten "Wende" angetreten war, zeigen sie, daß die offensichtlichen "Selbstzweifel" am deutschen Standort zu einem wesentlichen Teil auch erkennbar mangelnder Kompetenz und defizitären Problemlösungskapazitäten des Staates und der gesellschaftlichen Gruppen zuzuschreiben sind. Unabhängig von solchen Kompetenzmängeln hat der durchaus erfreuliche Status quo in wirtschaftlicher Hinsicht aber auch die fatale Konsequenz, den Anpassungswillen und damit auch die Anpassungschancen stark einzuschränken, so daß im spezifischen deutschen System der gesellschaftlichen Willensbildung immer ein Hang zur Bewahrung von Stabilität im Sinne von Anspruchs-, Besitzstands- und Sicherheitsdenken besteht - ein Denken, das nicht ausreichend zur Kenntnis nimmt, daß Bewahrung "dynamischer" Stabilität auf der Makro-Ebene eben immer auch Veränderung und damit Akzeptanz von Instabilitäten auf der Mikro-Ebene beinhaltet. So gesehen ist die Diskussion um den Standort Bundesrepublik absolut notwendig, tut Qualitätskontrolle also not, vor allem, wenn sie als "Bewertung zukünftiger Leistungen" begriffen wird - dies insbesondere, da im Weltmarktmaßstab von "sozialer" Marktwirtschaft keine Rede sein kann und mangelnde Vorsorge für zukünftige Wettbewerbsfähigkeit mitleidlos durch weltwirtschaftlichen Abstieg und damit auch sinkenden Wohlstand bestraft wird.

Auf diesem Hintergrund analysieren die Autoren in einer auf aktuelle und potentielle Problemfelder konzentrierten Profilskizze des Standorts Bundesrepublik die Bereiche der Arbeitskosten, Stückkosten, Arbeitszeit, Unternehmenssteuern, Energie-/Umweltschutzkosten, Exporte/Importe, des Dienstleistungshandels und der Direktinvestitionen - mit dem Ergebnis, daß unabhängig von der brillanten Verfassung, in der sich die deutsche Wirtschaft zur Zeit befindet, im internationalen Vergleich sehr wohl wichtige Aspekte hervortreten, die eine Dauerhaftigkeit der gegebenen Situation ohne gravierende Veränderungen in den Rahmenbedingungen für die deutsche Wirtschaft nicht ohne weiteres erwarten lassen. Vorsorge für die bleibende Qualität des Standorts Bundesrepublik mittels Stärkung der Standortvorteile und Abschwächung bzw. Beseitigung der Standortnachteile sind die Folgerungen, die aus seiner Qualitätskontrolle heute zu ziehen sind - und es besteht einige Skepsis, daß die notwendigen Anpassungen von staatlichen und kollektiven Trägern rechtzeitig erkannt und auch vorgenommen werden, dies um so mehr, wenn die aktuellen Erfolge der Wirtschaft hervorragend sind. Dennoch aber, so meinen die Verfasser, sollte auch im ökonomischen Bereich das ökologische Konzept der "Dauerhaftigkeit der Ressourcennutzung" Entsprechung finden, also Rahmenbedingungen so gestaltet werden, daß es der Bundesrepublik auch "auf Dauer" gut gehen kann; so interpretiert ist Qualitätskontrolle gerade heute notwendig und eine Vorbedingung für die Sicherung der Zukunft.

Paolo Cecchini widmet den zweiten Beitrag dezidiert den Veränderungen, die durch die Realisierung des Europäischen Binnenmarkts eintreten werden und beurteilt die Anforderungen, die in diesem Rahmen auf die Wirtschaft zukommen - und wie diese von der deutschen Wirtschaft gesehen werden. Wesentlich ist aus seiner und der europäischen Perspektive, daß die Errichtung des Europäischen Binnenmarkts im Kern ein Akt politischer, sogar weltpolitischer Natur ist, da durch die damit verknüpfte politische Stärkung der Position Westeuropas das Weltsystem eine eher multipolare Struktur annimmt; diesem Ziel dient die Realisierung des Europäischen Binnenmarkts in einer ersten Stufe, die Konstituierung einer Wirtschafts- und Währungsunion in einer zweiten und die Bildung einer politischen

Union in der dritten Stufe. Die Ziele des Europäischen Binnenmarkts kann man mit Cecchini an der Realisierung von vier Freiheiten - Freizügigkeit von Personen, Gütern, Dienstleistungen und Kapital - festmachen, die vor allem die Errichtung eines gemeinsamen europäischen Rechts- und Vorschriftensystems voraussetzen, das grundsätzlich auf den beiden Hauptelementen "gegenseitige Anerkennung" und "Konvergenz der Gesetzgebung" beruht.

Auf dem Weg zur Realisierung dieser Elemente sind schon beträchtliche Fortschritte erzielt worden, jedoch verbleiben noch einige schwierige Probleme wie die Harmonisierung der indirekten Besteuerung und die Frage einer gemeinsamen Handelspolitik zu lösen. Funktioniert der Binnenmarkt aber eines Tages, so kann ein positiver Angebotsschock die Folge sein, der allerdings eine Reihe von Anpassungsbedarfen und damit auch Gewinner und Verlierer mit sich bringen wird; nationalstaatliche Politiken, die diese Anpassungsprozesse abfedern sollen, können überwiegend nur indikativen und persuasiven Charakters sein, da bei budgetintensiven Politiken Wettbewerbsverzerrungen auftreten würden. Der Binnenmarkt als Teil eines größeren und umfassenderen Pakets europäischer Integration bringt also speziell im Hinblick auf nationalstaatliche Politiken Probleme mit sich in dem Sinne, daß die Nutzen und Kosten international stark differieren. Dies gilt vor allem für die Umweltpolitik, wo die fortgeschrittenen Länder akzeptieren müssen, daß ihre Standards und Regulierungen in weniger avancierten Ländern nicht ad hoc akzeptabel und durchsetzbar sind; dies gilt für die Forschungspolitik, wo sich aus wettbewerblichen Gründen, aber auch aus Effizienzgründen zunehmende Zentralisierung abzeichnet; dies gilt für die Regionalpolitik, wo die Finanztransfers hin zu ärmeren Regionen intensiviert werden müssen, und letztlich auch und im besonderen für die Wirtschafts-, Geld- und Währungspolitik, wo die Kooperation wesentlich verbessert werden muß. Es versteht sich, daß diese Aufgaben speziell eine dezidierte Kompromißbereitschaft aller Mitgliedsländer, besonders aber der reicheren unter ihnen, voraussetzen.

Trotz all dieser Probleme wird von der europäischen Wirtschaft der Binnenmarkt sehr optimistisch erwartet - auch wenn nicht nur Cecchini dem offensichtlichen Bemühen, Unsicherheit durch Konzentration, also Fusionen und Übernahmen, zu begegnen, mit einiger Skepsis gegenübersteht; allerdings zeigt sich bei der Einschätzung der Wirkungen des Binnenmarkts für die Unternehmen in den jeweiligen Ländern eine wesentliche Differenzierung: Es ist gerade die deutsche Industrie, die dem Binnenmarkt signifikant weniger optimistisch gegenübersteht als die Unternehmen in anderen Ländern. Dies kann in einem Niveaueffekt begründet liegen - eine noch höhere

Exportorientierung dürfte im Durchschnitt für die deutsche Wirtschaft wohl nur schwer möglich sein -, es kann auch psychologisch (Selbstzweifel) begründet werden. Von "außen" allerdings ist die Sicht auf die deutsche Wirtschaft durchaus bewundernd, manchmal auch neiderfüllt - wofür vor allem drei Aspekte stehen: der extreme Leistungsbilanzüberschuß, der im Gemeinschaftskontext auch als Ansatz redistributiver Überlegungen gesehen wird; der hohe Abstimmungsgrad zwischen Staat und Wirtschaft, der aus Gemeinschaftssicht den Zugang zu den deutschen Märkten erschwert und das hohe "Können" im Metier der Subventionsverschleierung, das von der Gemeinschaft eingeschränkt werden muß.

Die abschließenden Bemerkungen widmet der Autor der Stufe zwei des Gesamtpakets, der Wirtschafts- und Währungsunion. Aus seiner Sicht geht es darum, daß man Freiheit der Kapitalbewegungen, Stabilität der Wechselkurse und unabhängige Wirtschaftspolitiken nicht zugleich haben kann; das deutsche Schwergewicht in Richtung auf monetäre Stabilität weist in der Tendenz deflationäre Züge auf, die weniger prosperierende Länder in ihrer Entwicklung behindern würden; allerdings könnten die anti-inflationären Impulse der Errichtung des Binnenmarkts Freiräume schaffen, um die Forderungen nach monetärer Stabilität und höherem Wachstum miteinander zu versöhnen.

Hans-Karl Schneider konstatiert im dritten Beitrag des Bandes zunächst, daß die eindimensionale Sichtweise, Überschüsse in der Leistungsbilanz als alleinigen Indikator der internationalen Wettbewerbsfähigkeit zu interpretieren, heute durch einen mehrdimensionalen Kriterienraster abgelöst worden ist - und eines dieser Kriterien ist die Erfüllung binnenwirtschaftlicher Ziele. Aus diesem Blickwinkel muß man feststellen, daß die Bundesrepublik sowohl beim Wachstums-, wie auch dem Beschäftigungsziel schlechter abgeschnitten hat als die wesentlichen konkurrierenden Länder; auch im Hinblick auf die Produktivitätsentwicklung ist beim Verarbeitenden Gewerbe in Deutschland eine weniger dynamische Entwicklung zu verzeichnen, im Dienstleistungsbereich dagegen eine auch international durchaus akzeptable, allerdings ist der Beschäftigtenzuwachs hier aufgrund der extremen Regulierungsdichte mit Abstand am geringsten.

Entscheidend für die Zukunft ist es aber, wie es mit den Technologiegütern in der Bundesrepublik bestellt ist; die Statistik der "revealed comparative advantages" (RCA) der deutschen Wirtschaftsforschungsinstitute zeigt deutlich, daß sie im Vergleich zu Japan und den USA schlecht dasteht - und vor allem, daß sich die RCA's in den achtziger Jahren fast im gesamten High-Tech-Bereich verschlechtert haben. Ob dies so extrem negativ zu beurteilen ist, muß aber ein wenig in Frage gestellt werden: Die deutsche Wirtschaft hat die besondere Fähigkeit entwickelt, technische Neuerungen in der Breite zu absorbieren und dies vor allem aufgrund der hohen Qualifikation des Arbeitsfaktors; andererseits sollte man von einem Spitzenindustrieland schon erwarten können, auch hier und da im High-Tech-Bereich führend zu sein. Ähnliche Ergebnisse zeigen auch Auswertungen des Sachverständigenrats zur Begutachtung der gesamtwirtschaftlichen Entwicklung: die Abstände der Marktanteile bei High-Tech zu den nachdrängenden ostasiatischen Ländern werden zunehmend geringer, ganz abgesehen davon, daß das Exportwachstum dieser Güterklasse in Japan/USA weitaus höher ist als in der Bundesrepublik; ähnliches gilt auch für die übrigen wachstumsstärksten Industriegüter auf den Weltmärkten - die Produktstruktur der Bundesrepubklik entspricht nicht zureichend der entsprechenden internationalen Hitliste. Die Direktinvestitionen zeigen das für eine Exportnation wie die Bundesrepublik typische Bild im Sinne von Folgeinvestitionen im Ausland, speziell dabei im Handelsbereich; allerdings findet sich dies typische Bild für ein ähnlich stark weltmarktmäßig integriertes Land wie Japan hier in der Bundesrepublik nicht - dieser Prozeß läuft damit wohl nur in einer Richtung ab, und die Bundesrepublik ist offensichtlich als attraktiver Standort für das warenproduzierende Gewerbe im In- und Ausland in sinkendem Trend.

Was steht nun dahinter? Was sind die Basisfaktoren der internationalen Wettbewerbsfähigkeit? In erster Linie sind hier die Lohnstückkosten zu nennen, deren Entwicklung in der Bundesrepublik keineswegs dramatisch, aber immerhin stärker ausgefallen ist als in Japan und den USA. Japan speziell ist ein extremes Beispiel für die gelungene gesamtwirtschaftliche Akkomodierung selbst hoher Löhne - bewußte Struktursteuerung weg von Sektoren mit existenten oder zu erwartenden komparativen Nachteilen und vor allem in den achtziger Jahren flexible Löhne im Exportbereich sind ein Musterbeispiel für gelungene Anpassung an Umweltveränderungen, an das die Bundesrepublik trotz zurückhaltender Lohnpolitik der Gewerkschaften nicht im entferntesten heranreicht. Auch in bezug auf die Investitionsquote ist Japan Spitzenreiter, sie ist dort fast doppelt so hoch wie hier; da die Ersparnisse in der Bundesrepublik angestiegen sind, die Investitionen der Privaten und des Staates aber bekanntermaßen nicht, muß ein positiver Außenbeitrag und damit Nettokapitalexport die Folge sein. Der Sachverständigenrat zieht als Operationalisierungsgrundlage des Ziels des außenwirtschaftlichen Gleichgewichts den Erfüllungsgrad binnenwirtschaftlicher Ziele heran, und dann zeigt sich klar, daß offensichtlich im Inland zu wenig und im Ausland zu viel investiert wurde - das außenwirtschaftliche Ungleichgewicht ist somit nichts anderes als das Spiegelbild des binnenwirtschaftlichen Ungleichgewichts aufgrund zu geringer Inlandsinvestitionstätigkeit.

Aber auch andere Determinanten spielen bei der Standortdiskussion eine Rolle: Die Bundesrepublik ist so zum Beispiel Spitzenreiter bei der Umweltschutzkostenbelastung der Wirtschaft; es ist nicht auszuschließen, daß mittelfristig vergleichsweise strengere Umweltschutzvorschriften auch international technologische und dann auch marktliche Vorsprünge mit sich bringen, zunächst einmal aber ist die besondere Belastung einzelner Branchen ein nicht wegzudiskutierendes Faktum. Ähnliches gilt auch für den Bereich der Stromkosten: Fast alle Konkurrenten sind billiger, und die hohen Strompreise Japans sind als Argument irrelevant, da energieintensive Branchen dort dezidiert zurückgefahren worden sind; es ist aber zu erwarten, daß sich im Rahmen der EG-Binnenmarktintegration hier Änderungen vollziehen werden, die insbesondere die deutsche Kohlewirtschaft ohne sichtbare Anpassungsleistungen vor erhebliche Probleme stellen werden. In bezug auf den "Wettbewerb der Steuersysteme" ist die Bundesrepublik eindeutig auf der Verliererstraße; es ist dabei unerheblich, ob man die Höhe der Unternehmensbesteuerung für gerechtfertigt hält oder nicht - wenn alle anderen Länder niedrigere Besteuerung durchsetzen, dann kann sich auch die Bundesrepublik einen derart bedingten Verzicht auf zukünftige Arbeitsplätze nicht leisten.

Offensichtlich sollten also, ohne in Dramatisierung zu verfallen, einige Warnlichter angehen, wenn man die Qualitätskontrolle des Standorts Bundesrepublik objektiv und unvoreingenommen vollzieht; die andauernden Hinweise auf das freundliche soziale Klima und die hohe Humankapitalintensität hier ziehen im Endeffekt nicht, denn einerseits ist für sozialen Frieden auch ein Preis in Form von mangelnder Flexibilität und Anpassungsfähigkeit zu bezahlen, andererseits müßten sich diese Vorteile des Standorts Bundesrepublik, wenn sie denn welche sind, auch in den Daten, insbesondere bei den High-Tech-Gütern, zeigen; unterstellt man, sie hätten positiv gewirkt, um wieviel schlechter müßte es dann um den "harten" Kern der Wettbewerbsfähigkeit selbst aussehen?

Wehret den Anfängen und damit frühzeitiges Gegensteuern, muß die Devise heißen - vor allem durch die Stärkung der Investitionen der Privaten und des Staates. Beim öffentlichen Budget geht es auf der Ausgabenseite insbesondere um Konsolidierung von Ausgaben und Schulden, speziell dabei um die Rückführung der Subventionen, die fast immer nur überholte Strukturen zementieren, auf der Einnahmeseite um die dringend notwendige Reform der Unternehmensbesteuerung. Wirtschaftspolitisch ist eine Reorientierung von der makroökonomisch zur mikroökonomisch orientierten

Wirtschaftspolitik vorzunehmen - die Bundesrepublik braucht eine neue ordnungspolitische Offensive, die die Unternehmen von den Fesseln befreit, die sie an der Erfüllung ihrer Aufgaben zum gemeinsamen Besten aller hindern.

Johann Löhn geht in dem vierten Beitrag zunächst davon aus, daß der Strukturwandel zur Zeit im wesentlichen technologisch bedingt ist; das qualitativ Neuartige im Vergleich zu früheren Strukturveränderungsprozessen durch Technologien ist der Grad der Umfassendheit, mit dem Wirtschaft und Gesellschaft verändert werden, und es liegt auf der Hand, daß sich gerade für den Unternehmer besondere Entscheidungsprobleme im Umgang mit den neuen Technologien stellen. Analysiert man die Bemühungen um die neuen Technologien in verschiedenen Ländern, dann stellt man fest, daß die Schwerpunktprogramme mehr oder weniger identisch sind. Als solche Schlüsseltechnologie ist zuerst die Mikroelektronik zu nennen, die gewissermaßen prototypisch in bezug auf den strukturellen Wandel ist; sie ist in alle Bereiche der Wirtschaft und Gesellschaft diffundiert und hat auch Klein- und Mittelbetriebe voll erfaßt. Die zweite hier zu nennende Technologie ist die Fertigungstechnologie, in der die Computerisierung und zunehmend auch die Anwendung der Sensortechnik zum Alltag gehören; beide technologischen Veränderungen machen auch eine Tendenz zu flexibler Automatisierung und zu immer geringeren Stückzahlen unabdingbar. Als drittes ist die Biotechnologie anzuführen; auch hier kann man festellen, daß der Mittelstand zunehmend im Bereich von Anwendungstechnologien tätig wird, was aber über längere Zeiträume gesehen nur aufrecht erhalten werden kann, wenn die Bundesrepublik forschungsmäßig nicht den internationalen Anschluß verpaßt. Die vierte Technologie sind die "neuen Werkstoffe"; bei akzeptablem Status der Grundlagenforschung hier geht es primär um Verarbeitungsverfahren für Faserverbundwerkstoffe und Keramiken sowie Innovationen im Bereich der Oberflächentechnik. Die fünfte, häufig nicht so beachtete Schlüsseltechnologie, ist die Mikromechanik, also die Produktion von Geräten unter dem Mikroskop, bei der sich der unternehmerische Mittelstand aufgrund der hohen Einstiegskosten noch sehr schwer tut. Die sechste und grundlegendste Technologie ist die Kommunikationstechnologie, die als "Ursache allen Übels" im Zentrum des strukturellen Wandels steht. Drei Komponenten sind hier wesentlich: Sie benötigt eine staatlich zu erstellende Infrastruktur, um als Wettbewerbsinstrument eingesetzt werden zu können; sie geht eine enge Verbindung mit der Fertigungstechnologie ein, die sich in der höchsten Entwicklungsstufe mittlerweile auch bei kleinen Unternehmen findet; die dritte Komponente ist die sogenannte künstliche Intelligenz, deren Entwicklung, speziell bei Expertensystemen, ein rasantes Tempo aufweist. Alle diese Technologien wirken nicht singulär, sondern gemeinsam und verändern in ihrem gemeinsamen Effekt das Aussehen dieser Welt.

Wie vollzieht sich nun der Strukturwandel aus der Sicht von Produkten und Verfahren? Als erster Punkt ist der fundamentale Wandel vom Produkt zum System herauszustellen, und dieses "Denken in Systemen" muß von den Unternehmen (und vom Staat ebenso) erlernt werden, um weiterhin erfolgreich sein zu können. Ein zweiter Punkt ist die Notwendigkeit "organischer Diversifikation", die darauf basiert, existierende Technologien zu nutzen anstatt neue zu erfinden, wobei aber gleichzeitig gesicherte "Standbeine", also Etablierung auf Märkten, vorausgesetzt werden müssen. Ein dritter wichtiger Punkt ist, daß die Ausstattung einer Fertigung heute mehr oder weniger unabhängig von der Firmengröße ist, was analog auch für die Qualifikation von Ingenieuren und Technikern gilt. Und letztlich und grundsätzlich ist die Sektorverschiebung zur sogenannten Dienstleistungsgesellschaft hin aus der Sicht des Verfassers keineswegs der Weg in die "McDonald's-Gesellschaft", sondern als Ausfluß des Denkens in Systemen und die dadurch bedingte Integration von Dienstleistung und Produktion zu sehen.

Wie ist nun dieser technologische Wandel aus der Sicht der Wirtschaft zu betrachten? Auch hier sind wieder mehrere Aspekte relevant: Ein erster bezieht sich auf das Verhältnis von Großunternehmen und industriellem Mittelstand; technologischer Wandel fegt kleinere Unternehmen keineswegs vom Markt, ganz im Gegenteil wird mit zunehmender Automatisierung und großtechnischer Fertigung der Zulieferer aus technologischen Gründen mittelständisch sein, eben aufgrund der spezifischen Mischung von Problemlösung/Produktion plus Dienstleistung. Es ergibt sich hier ein klassischer Synergieeffekt: Beiden geht es nur deshalb so gut, weil es den jeweils anderen gibt und sich beide zu einem stabilen Netz zusammenfügen. Ein zweiter Aspekt berührt das Problem der Finanzierung: Neue Technologien kosten Geld, es scheint aber außerordentlich schwierig zu sein, Kapital in Richtung kleinerer Firmen zu kanalisieren. Damit zusammen hängt zum Teil auch der dritte Aspekt: Die Besteuerung nicht-entnommener Gewinne in der Bundesrepublik ist zu hoch und international wettbewerbsschädlich, da so die privaten Mittel für Investitionen und technologische Anpassung beschnitten werden und dies besonders bei kleinen und mittleren Unternehmen, bei denen sich Fremdfinanzierung schon schwierig genug gestaltet. Ein vierter Aspekt beleuchtet die internationale Dimension: Die komparativen Vorteile der deutschen Wirtschaft können nur in Individualisierung und intelligenten Problemlösungen liegen, aber auch in der internationalen Orientierung der

Unternehmenstätigkeit speziell mit der Einführung des Europäischen Binnenmarkts. Letztlich gilt vor allem, daß Kooperation zunehmend notwendig ist und dies insbesondere für den Mittelstand, der sich dabei gewissermaßen kulturbedingt immer noch sehr schwer tut.

Was ist nun die Rolle des Staates im technologischen Wandel, und wie sollte gerade für eine Wirtschaft im Strukturwandel eine funktionierende Aufgabenteilung zwischen Staat und Privaten gestaltet sein? Grundsätzlich hat der Staat drei Instrumente, mit denen er aus technologischer Sicht operieren kann: Zum ersten kann er Richtlinien schaffen. Leider sind diese weder stabil noch langfristig angelegt, schon gar nicht auf Basis systemaren Denkens; hinzu kommt eine typisch deutsche Bürokratisierung, die für die Wirtschaft ein größeres Problem darstellt als die totale Durchdringung mit Mikroprozessoren. Das zweite staatliche Instrument sind Subventionen: Gern macht sich der Staat damit beliebt und zieht so auch reihenweise "Fußkranke" an; auf der anderen Seite subventionieren alle wesentlichen Konkurrenten, und die Bundesrepublik kann es sich nicht leisten, beispielsweise beim Megachip auf massive Subventionierung zu verzichten. Subventionierung im technologiepolitischen Bereich ist also immer eine Art Gratwanderung. Das dritte wesentliche Instrument des Staates ist die technologische Infrastruktur, unterteilt in Grundlagenforschung und anwendungsorientierte Forschung sowie Technologietransfer. Der Aufgabenbereich des Verfassers in Baden-Württemberg bezieht sich speziell auf die anwendungsorientierte Forschung und den Technologietransfer. Baden-Württemberg ist bei der Grundlagenforschung durch die höchste Forschungsdichte in der Bundesrepublik ausgezeichnet - dies mit Bedacht, weil Grundlagenforschung Zukunftsvorsorge ist und, da diese weithin bekannt ist, breit angelegt sein muß. Das Problem, die Früchte von Forschungs- und Entwicklungsanstrengungen speziell kleinen und mittleren Unternehmen zugute kommen zu lassen, wurde dort mittels einer eigenartigen institutionellen Konstruktion gelöst, die sich als überaus erfolgreich erwies - im wesentlichen auch deshalb, da hier nicht Mittel vom Staat den Unternehmen zugeschwemmt wurden, sondern interessierte Unternehmen zur Finanzierung der Arbeit dieser Institution beitragen mußten, was unternehmerische Rationalität förderte und den beidseitigen Erfolg sicherte.

Bezüglich des letzten Aspekts, der Rolle des Menschen im technologischen Wandel, gilt zunächst, daß über die zukünftige Position der Bundesrepublik im "Wettbewerb der Köpfe" entschieden wird; Aus- und Weiterbildung sind daher von besonderer Wichtigkeit, wobei der Verfasser bei letzterer durch die Auswirkungen von Subventionsmentalität deutliche Defizite feststellt. In einem zweiten Punkt warnt der Autor besonders seine Technikerkollegen vor einer Verabsolutierung des technisch Möglichen und Interessanten; alle Investitionen sollten nicht nur technologieorientiert, sondern mindestens mit ebenso großem Gewicht marktorientiert vorgenommen werden - es geht nicht um die beste, sondern um die bestverkaufbare Technologie. Und letztlich scheint der Trend des Akzeptanzverlustes der Technik in der Bundesrepublik nachgelassen zu haben, so daß bei guter Ressourcenausstattung auch gute Gründe für Zukunftsoptimismus im technologischen Bereich bestehen.

Im fünften Beitrag skizziert *Arnold Willemsen* vom Bundesverband der Deutschen Industrie die Sichtweise der Wirtschaft in bezug auf die Standortdiskussion. Er akzeptiert dabei durchaus die augenblicklich hervorragende Situation der deutschen Wirtschaft, allerdings zeigt diese nach seiner Einschätzung nur, daß offensichtlich zur Zeit das Licht den Schatten überwiegt, wenn auch eben in beträchtlichem Ausmaß. Zu den herausragenden positiven Eigenschaften des Standorts Bundesrepublik gehören aus Wirtschaftssicht vor allem das Berufsbildungssystem und damit auch das Qualifikationsniveau der Arbeitnehmerschaft sowie die hohe Forschungs- und Entwicklungsintensität; die politische Stabilität und der ausgeprägte Wille zum Konsens haben auch eine negative Seite, indem sie Verkrustung der Strukturen und Sicherheits- und Anspruchsdenken fördern. Trotz soviel Licht zeigen sich aber auch einige Schatten: So liegt das reale Wachstum seit 1981 unter dem Durchschnitt der OECD-Länder, bei den Ausrüstungsinvestitionen zeigt die Bundesrepublik die schwächste Dynamik aller westlichen Industrieländer und die Direktinvestitionen offenbaren, daß in zunehmendem Umfang diejenigen, die jeweils einen Fuß in den Türen zum Binnenmarkt 1992 haben möchten, diesen nicht in die deutsche Tür setzen. Die Gründe für diese Entwicklungen sind bekannt und oft diskutiert: Höhere Arbeitskosten als in der Bundesrepublik werden nur noch in der Schweiz registriert vor allem aufgrund des Spitzenrangs bei den Lohnnebenkosten; tragisch wäre dies nicht, wenn die Produktivitätsentwicklung diese Nachteile ausgleichen könnte, aber leider hatte die Bundesrepublik in den achtziger Jahren den zweitniedrigsten Produktivitätszuwachs unter den westlichen Industrieländern. Auch bei den Energie- und Umweltschutzkosten steht die Bundesrepublik mit an der Spitze der internationalen Liste; die deutsche Industrie hat zum Beispiel gegenüber Frankreich einen strompreisbedingten Standortnachteil von ca. neun Milliarden Mark pro Jahr zu verkraften. Ebenso liegen die Umweltschutzkosten in einer ganzen Reihe von Industriebranchen mehr als doppelt so hoch als bei Konkurrenzunternehmen im Ausland - die deutsche Vorreiterrolle im Umweltschutz sollte aber nicht dazu führen, daß die Bundesrepublik als industrieller Standort ins Abseits gedrängt wird, worauf insbesondere bei instrumentellen Innovationen wie dem Umwelthaftungsrecht geachtet werden sollte. Am durchschlagendsten sind aus der Sicht der Wirtschaft aber wohl die Nachteile bei der Unternehmensbesteuerung: Das deutsche Steuerrecht privilegiert deutlich das Privatvermögen, und vor allem die ertragsunabhängigen Steuern wie Gewerbekapital-, Vermögen- und Grundsteuer wirken investitionshemmend und schwächen die deutsche Wirtschaft von der Finanzierungsseite her: Die Körperschaftsteuersätze auf thesaurierte Gewinne liegen im Ausland durchweg 20 Prozent niedriger und bei der Gesamtsteuerbelastung liegen die deutschen Unternehmen mit ca. 70 Prozent weit an der Spitze; dies wird auch nicht durch besondere Vergünstigungen bei der Gewinnermittlung kompensiert, wie der Verfasser dezidiert darlegt. Abwiegelnde Gegenrechnungen auf Basis der Systematik der Volkswirtschaftlichen Gesamtrechnung benutzen fehlleitende Grundlagen durch Aufblähung der Unternehmensgewinne mit unternehmensfremden Erträgen auf der einen Seite und durch Verkürzung der Einkommensteuer, soweit sie eine Unternehmenssteuer darstellt, auf der anderen Seite und führen daher nicht zu seriösen Ergebnissen. Bei diesen Punkten wäre aus Sicht der deutschen Wirtschaft vordringlich anzusetzen, wenn sie international in guter Kondition gehalten werden soll - und sich die deutsche Gesellschaft ihr hohes Niveau sozialer Leistungen und ihre Umweltansprüche auch in Zukunft leisten können will.

Siegfried Bleicher von der IG Metall bemüht sich in seinem Beitrag um eine Öffnung des Themas, die aus dem beinahe zeremoniellen Austausch der Argumente herausführt. Dabei konstatiert er deutlich eine Aufbruchstimmung zum weitergehenden Nachdenken an allen Fronten: Nachdenken darüber, wie die Deutschen in Zukunft wirtschaften werden, arbeiten wollen und leben können. Grundsätzlich aber ist aus seiner Sicht zunächst hervorzuheben, daß die momentane Lage und die mittelfristigen Aussichten sehr zufriedenstellend sind: Die Konjunktur befindet sich im siebten Jahr positiver Entwicklung und auch das Einschwenken auf einen steileren Wachstumspfad scheint mittelfristig möglich zu sein. Auf dieser Basis formuliert er acht Argumente gegen Standortpessimismus: Die deutsche Wirtschaft ist Spitzenreiter im Export und hat eine blendende Position im internationalen Innovationswettbewerb; die hohen deutschen Direktinvestitionen im Ausland sind kein Problem, sondern die notwendige Folge der Exportrekorde, die Klagen über das Hochsteuerland Bundesrepublik sind weit übertrieben, auch die Lohnkostenentwicklung ist kein Grund zum Auswandern von Unternehmen, erst recht nicht die Arbeitszeit, die in Relation zur Stundenproduktivität zu sehen ist; der soziale Friede ist ein wichtiger immaterieller Wettbewerbsvorteil, der auch durch das binnenintegrierte Europa nicht gefährdet werden sollte, und letztlich sind auch die Unternehmensgewinne hier glänzend. Aber: Es gibt auch gute Argumente für Nachdenklichkeit - nicht zuletzt zugunsten frühzeitiger Diskussion und Konsensfindung über fundamentale Fragen der zukünftigen Entwicklung und zur Überwindung von Immobilität, die einer Umbruchphase wie dieser nicht angepaßt ist, denn: Wirtschaftlich gesehen werden die internationalen Märkte neu verteilt, sozial gesehen verändern sich individuelle und gruppenmäßige Lebenschancen, technologisch gesehen wird ein großer Sprung nach vorn getan, und politisch gesehen sind Schlagworte wie Wertewandel nicht anderes als Ausdrucksformen für die Frage nach dem Sinn des heutigen Lebensstils in bezug auf Wirtschaft, Gesellschaft und Natur. Eine solche Diskussion kann also niemals rein ökonomisch geführt werden, wenn auch die meisten Faktoren, die den Lauf der Dinge in die Zukunft beeinflussen, ökonomischer Natur sind: so der technische Fortschritt auf den Gebieten der Mikroelektronik und der Gentechnologie, die Internationalisierung der Unternehmen, die Vollendung des Europäischen Binnenmarkts und die durch die geburtenstarken Jahrgänge hervorgerufene Verjüngung des Arbeitskräfte- und Konsumentenbestandes in dieser und nächster Zeit. Diese Faktoren wirken gemeinsam und zwingen zu Anpassungsprozessen in der Wirtschaft, aber auch zu bewußt gestalteter Politik der Rohstoff- und Energieversorgung sowie der Erhaltung der natürlichen Produktions- und Lebensgrundlagen. Veränderungen dieser Art implizieren immer auch Verteilungskonflikte, die im Tagesgeschäft bewältigt werden müssen; es erscheint aber zunehmend sinnvoll, sich von dem zwanghaften Starren auf den Verteilungskampf zu lösen und die offene und offensive Auseinandersetzung darüber zu suchen, wie die Deutschen ihre Zukunft gestalten wollen.

Hans-Jürgen Krupp geht es im siebten Beitrag des Bandes zunächst um die Korrektur von Mißverständnissen, wobei er an der Frage ansetzt, wie Länder ganz unterschiedlicher ökonomischer und sozialer Standards überhaupt Handel miteinander treiben können. Der Kernpunkt der Argumentation sind die flexiblen Wechselkurse, die unterschiedliche Standards auf vergleichbare Niveaus bringen. Zwei Fälle sind zu unterscheiden: Ist das Kostenniveau eines Landes "zu niedrig", führt ein Leistungsbilanzüberschuß normalerweise zu Aufwertungsdruck mit der Folge einer Angleichung der Kostenniveaus, aber real größerer Zugriffsmöglichkeit auf das internationale Güterangebot via verbilligte Importe; dieser Prozeß läuft beim zweiten Fall eines zu hohen Kostenniveaus in entgegengesetzter Richtung, und real sinkt die im Inland verfügbare Gütermenge. Dieser Prozeß führt also zur Einbuße im Lebensstandard bei zu hohem Kostenniveau und Anhebung des Lebensstandards bei zu niedrigem, und er ermöglicht es, daß Länder mit ganz unterschiedlichen Standards Handel miteinander treiben können. Allerdings ist dieser Prozeß vielseitig gestört: Protektion, politische Einflüsse, Finanzmarktoperationen und Erwartungen über zukünftige Entwicklungen stören diese Ausgleichsprozesse. Kontrovers ist, ob die Politik durch Markteingriffe Kostenniveaukorrekturen vornehmen oder solche Störfaktoren des Marktprozesses bekämpfen sollte. Setzt man auf diese Ausgleichsprozesse des Marktes, dann ist die Antwort natürlich einfach: Man muß den Vorstellungen einer Währungsvereinheitlichung in Europa so lange eine klare Absage erteilen, wie nicht eine Angleichung der Kostenniveaus stattgefunden hat, falls nicht unlösbare regionale Disparitäten zementiert werden sollen. Aus diesen Überlegungen folgt, daß in bezug auf die Standortdiskussion die Bundesrepublik offensichtlich ein zu niedriges Kostenniveau (Indikator: Leistungsbilanzüberschüsse) aufweist; diese Überschüsse (und als Kehrseite die Kapitalexporte) sind in der Bundesrepublik durch den vergleichsweise großen industriellen Sektor strukturell angelegt und werden sich mit beschleunigtem Modernisierungstempo noch vergrößern. Der Anpassungsprozeß weist also eher in die Richtung einer Angleichung des Kostenniveaus nach oben, wobei dann auch zu berücksichtigen ist, daß sich durch neue Wettbewerber auch die Marktanteile verschieben werden. Diese quantitativen Aspekte sind durch qualitative zu ergänzen: Die Wirtschaftsforschungsinstitute beurteilen die Wettbewerbsfähigkeit der Bundesrepublik von der technologischen Seite her insgesamt positiv, sehen aber deutliche Lücken im Bereich der Spitzentechnologie. Um aber hier zu grundsätzlichen Bewertungen zu kommen, muß man die weltwirtschaftliche Arbeitsteilung zwischen den drei großen Blöcken insgesamt analysieren. Der nordamerikanische Wirtschaftsraum ist primär binnenorientiert, in breiten Bereichen international nicht wettbewerbsfähig und innovationsträge, aber in einigen wenigen Sparten (High-Tech) führend. Die Wettbewerbsfähigkeit der deutschen Wirtschaft ist von dieser Seite her nicht bedroht, allerdings treffen Fluktuationen des Dollarkurses und Konjunkturabschwächungen in den USA vor allem Branchen mit hochwertigen Konsumgütern sehr empfindlich. Innerhalb des japanischen Wirtschaftsraums wird die Wachstumsrate Japans selbst durch Abgabe von Marktanteilen an die nachdrängenden ostasiatischen Länder zurückgehen; Japans wettbewerbsstärksten Sektoren sind zudem hochspezialisiert und auf große Stückzahlen angelegt, was in dieser Konzentration auch zunehmend zu einem Risiko werden wird. Inwieweit von den anderen ostasiatischen Ländern Gefahren ausgehen, ist nicht abschließend zu beantworten - die relativ hohe Standardisierung ihrer Produkte läßt diese aber nicht allzu hoch erscheinen. Der Wirtschaftsblock Europa wird in seinen externen Beziehungen in vielen Bereichen wesentlich von der Bundesrepublik dominiert; dementsprechend liegen die Vorzüge hier speziell in der Breite des Angebots, in der flexiblen Anpassung an strukturelle und regionale Nachfrageveränderungen auf den Weltmärkten, in der Konzentrierung auf Fertigung in kleinen Serien und in der breiten Nutzung technischen Wissens selbst bei geringeren Leistungen in der Spitzentechnologie. Unsicher ist noch, wie sich der Europäische Binnenmarkt auswirken wird: Höheres Wachstum und höherer Innovationsdruck werden die wahrscheinlichen Folgen sein ebenso wie die Gefährdung geschützter und wettbewerblich zurückliegender Bereiche in der Bundesrepublik. Insgesamt aber zeigt die Analyse, daß die weltwirtschaftliche Arbeitsteilung durch unterschiedliche Schwerpunkte und unterschiedliche Strategien geprägt ist - die Diskussion um den Standort Bundesrepublik kann also mit einiger Gelassenheit geführt werden.

Welche staatlichen Handlungsbedarfe ergeben sich auf diesem Hintergrund nun? In der Technologiepolitik als erstem Bereich geht es einerseits um Förderung von Spitzentechnologie, andererseits um Verstärkung des Innovations- und Diffusionsprozesses in Richtung kleinerer und mittlerer Unternehmen. Sorge ist vor allem beim zweiten Bereich angebracht, da die europäische Forschungspolitik stark auf Großunternehmen konzentriert ist und die deutsche Forschungspolitik durch das zunehmende Gewicht der Raumfahrt in gefährliche Distanz zur anwendungsorientierten Forschung gerät. Kontrovers ist, inwieweit der Staat überhaupt Forschungs- und Entwicklungsförderung betreiben sollte; ganz ohne (Spitzentechnologie) geht es wohl nicht, aber wenn schon, dann sollte mit stärkerer indirekter Förderung vor allem die Umsetzung von Forschungsergebnissen in mittleren und kleinen Unternehmen unterstützt werden. Ein zweiter Handlungsbedarf besteht im Bereich der Besteuerung: Eine alte Streitfrage ist zunächst, ob man entnommene und nicht im eigenen Betrieb investierte Gewinne steuerlich genauso behandeln sollte, wie nicht-entnommene und reinvestierte. Allokationstheoretisch sollte man hier keinen Unterschied machen, jedoch ist dies wirtschaftspolitisch nur dann vernünftig, wenn es um das Produktionskapital tatsächlich vergrößernde Investitionen geht und nicht um Finanzanlagen; darüber hinaus spricht vieles dafür, Investitionen im eigenen Unternehmen besser zu stellen, will man sie in der Region halten, und dies gilt besonders für kleinere und mittlere Unternehmen. Möglicherweise wäre die generelle steuerliche Besserstellung von Investitionen der sinnvollste Weg, würde aber in Widerspruch zu heute gängigen Überlegungen zum Steuertarifverlauf stehen. Der Typus der amerikanischen Steuerreform war ja durch Aufkommensneutralität bei drastischem Abbau der Steuervergünstigungen und ebenso drastischer Senkung der Steuersätze ausgezeichnet, allerdings muß man auch sehen, daß man sich dann der Chance gezielter technologiepolitischer Förderungsmaßnahmen begäbe, ganz abgesehen davon, daß für die Unternehmensseite nicht die tariflichen Steuersätze maßgebend sind, sondern die Gesamtbelastung. Ein zweiter Problembereich ist die Gewerbesteuer, bei der überdeutlicher Reformbedarf besteht, obwohl sich ihr Typus durchaus auch in anderen Ländern in Gestalt lokaler Steuern findet. Häufig wird vorgeschlagen, sie durch eine Wertschöpfungssteuer zu ersetzen, die allerdings nicht dazu beitragen würde, die Ertragsunabhängigkeit des Steuersystems zu reduzieren, wobei insbesondere für die Gemeindefinanzen eine solche Ertragsunabhängigkeit zur Verstetigung der kommunalen Investitionen durchaus erwünscht ist.

Inwieweit am Sozialsystem Veränderungen stattfinden sollten, ist kontrovers, da die Bilanz der Vor- und Nachteile sich nach Meinung des Autors noch deutlich zu den Vorteilen hin neigt. Auch der Reformbedarf bei Regulierungen wird häufig überschätzt - viele von ihnen sind nichts anderes als Ausdruck von gravierenden Veränderungen gesellschaftlichen Bewußtseins.

Zieht man ein Fazit, so ist es aus der Sicht des Verfassers um den Standort Bundesrepublik nicht schlecht bestellt, wenn man in einen sachgerechten Vergleich die gesamte Kosten- und Leistungspalette der Volkswirtschaft einbezieht. Die Bundesrepublik hat im übrigen ihre Erfolge nie damit erzielt, im Interesse der Wettbewerbsstärkung Standards zu senken, im Gegenteil haben steigende Standards die Leistungsfähigkeit erhöht; natürlich setzt dies voraus, daß die Aktoren der Wirtschaftspolitik, vor allem die Tarifparteien, den Bogen nicht überspannen und der Staat seine Daseins- und Zukunftsvorsorge effizient vollzieht - was wohl nur durch eine tiefgreifende Reform des öffentlichen Sektors geschehen kann.

Im letzten Beitrag geht *Hans J. Barth* der Frage nach, wie die Bundesrepublik wohl im Jahre 2010 aussehen wird. Solche Orientierungen sind für eine Reihe von staatlichen Entscheidungen (Verkehrsplanung, Energieversorgung, Bildungsplanung, Renten-/Krankenversicherung) von großem Interesse, aber ebenso auch für die Unternehmen aller Sparten. Niemand kann aber heute detailliert sagen, wie das Bild des Standorts Bundesrepublik in zwanzig Jahren sein wird; die Kenntnis grundlegender Entwicklungstendenzen und der verbleibenden Freiräume für bewußte Zukunftsgestaltung ist jedoch gefragt.

Grundlegende Entwicklungstendenzen sind zunächst für die außenwirtschaftliche Seite zu skizzieren. Dafür, daß sich der internationale Wettbewerb zunehmend verschärfen wird, gibt es eine Reihe von Gründen: schrumpfende Distanzüberwindungskosten und der Zwang zu schnellerer Ausnutzung technologischer Wettbewerbsvorteile per technischem Fortschritt; die notwendige Öffnung der Märkte für Produkte der Entwicklungsländer und die steigende Konkurrenz der Industrieländer untereinander. Dies führt zu zunehmendem Wettbewerbsdruck, aber auch zu größerer Nachfragedynamik. Ein weiterer interessierender Aspekt ist die demographische Entwicklung: Die Einwohnerzahl der Bundesrepublik wird sinken und weniger Kindern und Jugendlichen werden mehr Alte gegenüberstehen. Die Gründe dafür sind medizinischer Fortschritt und damit steigende Lebenserwartung sowie längere Ausbildungszeiten der Frauen und damit auch sinkende Kinderzahlen. Zu den grundlegenden Entwicklungstendenzen gehören auch die Strukturen des Einstellungs- und Wertewandels: Im gesellschaftlichen Bereich erfolgt eine stärkere Hinwendung zum Individualismus und eine Abkehr von kollektiven Entscheidungen und damit ein tendenzieller Bedeutungsverlust des Staates, in wirtschaftlicher Hinsicht sind ein hohes Umweltbewußtsein, Skepsis gegenüber dem technischen Fortschritt, Veränderungen des Erwerbsverhaltens, der Leistungsmotivation und des Ausgabeverhaltens absehbar. Dies alles muß nicht auf eine Verschlechterung der Standortbedingungen hinauslaufen: Das Schlagwort der abnehmenden Leistungsbereitschaft heißt eigentlich eher "Distanziertheit" zur Arbeit, schneller Aufstieg mit hohem Einkommen zählen nicht mehr wie früher, wenn sie mit Einschränkungen persönlicher Freiheit erkauft werden müssen - gibt Arbeit aber den subjektiven Fähigkeiten und Interessen Raum und erlaubt selbständiges Handeln, dann wird auch Leistungsmotivation gegeben sein; unter diesen Rahmenbedingungen wird auch der technische Fortschritt in seiner positiven Funktion zur Steigerung von Lebensstandard und -qualität erkannt. Eine weitere Determinante zukünftiger Standortqualität ist damit der technische Fortschritt in Produkten und Verfahren: Mikroelektronik, Automatisierung, neue Dienstleistungen, neue Werkstoffe, aber auch neue Verfahren der Materialbearbeitung, des technischen Umweltschutzes und Recyclings sind als zukünftige Entwicklungen zu erkennen. Ein wesentlicher Engpaßfaktor scheinen Personalprobleme, also die Verfügbarkeit qualifizierter Mitarbeiter zu sein; ein gleiches gilt für solche langfristigen politischen Entscheidungen zum Beispiel bei Umwelt- und Energiepolitik, die das Investitionsklima ebenfalls langfristig stark mitbestimmen.

Welche Gestaltungsmöglichkeiten ergeben sich nun angesichts dieser Analysen? Im außenwirtschaftlichen Bereich sind diese sehr begrenzt: Die Bundesrepublik sollte auf eine Öffnung der Märkte für Produkte der Entwicklungsländer hinwirken ebenso wie auf eine Absenkung der Regulierungsdichte in der Europäischen Gemeinschaft. Auch die politischen Einflüsse auf die demographische Entwicklung sind umstritten: Erfolgreicher als Kindergeldzahlungen mögen Politiken sein, die Berufstätigkeit und Kinderbetreuung in Einklang bringen, insgesamt aber führt nichts daran vorbei, daß die Zahl der potentiellen Mütter ab der zweiten Hälfte der neunziger Jahre sinken wird. Zuwanderungen sind also realistisch gesehen der einzige Weg, der zwangsläufig bei positiver Wirtschaftsentwicklung eher begangen werden kann, wobei allerdings das zuwandernde Arbeitskräftepotential nach den Qualifikationsanforderungen geringer sein und besondere Anforderungen bei der sozialen Infrastruktur stellen wird. Alle demographischen Daten zusammengenommen ergibt sich, daß die Bevölkerung bis zum Jahr 2010 von 61,1 Mio (1986) auf 57,9 bis 58,3 Mio sinken wird, wobei vor allem der Rückgang bei Kindern und jungen Erwachsenen sowie die Steigerung bei den Alten drastisch ausfällt. Natürlich hat dies gravierende Auswirkungen auf die gesamtwirtschaftliche Nachfrage, den Arbeitsmarkt, den Infrastrukturbedarf sowie die sozialen Sicherungssysteme, aber es gibt auch positive Effekte: kleinere Schulklassen, verbesserte berufliche Weiterbildung, weniger Wohnungs- und Straßenbau etc. Im Sozialbereich jedoch sind diese Entwicklungen durchschlagend bis dramatisch: Zusätzlich zur Steigerung des Altenkoeffizienten von 24 Prozent auf 32 Prozent (Alte/Bevölkerung im Erwerbsalter) sind aber für die effektiven Belastungswirkungen auch andere Faktoren wichtig: wieviele Einwohner tatsächlich abhängig beschäftigt sind, wieviel sie verdienen, wie viele Alte einen Rentenanspruch haben, wie die Wirtschaftsentwicklung ausfällt, wie hoch die übrigen Sozialbeiträge und die Steuerbelastungen sind. Modellrechnungen zeigen hier deutlich, daß die beste Sozialpolitik immer noch Wachstumspolitik heißt. Die wirtschaftspolitischen Gestaltungsmöglichkeiten sind am offensten: Man kann sich ein positives Szenario (nachhaltige Steuersenkungen, Forcierung der Umstrukturierung der Wirtschaft, damit sinkende Umweltbelastung, sinkende Regulierungsdichte, energiepolitischer Konsens, gewerkschaftliches Schwergewicht auf Verbesserung der Beschäftigungsmöglichkeiten) vorstellen, aber auch ein diametral entgegengesetzt negatives, wobei der realistische Weg wohl irgendwo in der Mitte liegen wird; keine noch so liberale Regierung kann ja ohne Subventionierung der Landwirtschaft, des Bergbaus, der Werften etc. auskommen, ebenso wie stärker ausgabenorientierte politische Strategien ihre Finanzierbarkeit im Blick halten müssen.

Was bedeutet dies für die Wachstumsperspektive? Bei einem solchen mittleren Kurs ist mit einem durchschnittlichen realen Wachstum von knapp 2,5 Prozent p.a. in den nächsten zwanzig Jahren zu rechnen; der Anteil des Staatsverbrauchs und der Bauinvestitionen am Bruttosozialprodukt wird fallen, die Export-/Importanteile werden steigen; die verfügbaren Einkommen dürften etwa mit der Rate des Sozialprodukts zunehmen, wobei die Zahl der Doppelverdienerhaushalte weiter steigen und so zunehmende Abgabenbelastung kompensiert wird. Die Ausgabenstruktur wird von Individualisierung und Qualitätsbewußtsein geprägt und vor allem auf Gesundheit, Sicherheit, Bildung, Unterhaltung und Freizeit ausgerichtet sein. Bei der sektoralen Wirtschaftsstruktur werden Landwirtschaft, Bergbau, Energieversorgung, Baugewerbe, aber auch Bereiche der Grundstoff-/Produktionsgüterindustrie und der Verbrauchsgüterindustrie Anteile verlieren, während die Investitionsgüterhersteller ihre Position halten können; gewinnen wird der Dienstleistungssektor, vor allem, weil produktionsbezogene Dienstleistungen so schnell wachsen: Handel, Verkehr, Nachrichtenübermittlung, Banken/Versicherungen erleben Aufschwünge aufgrund des hohen Diversifizierungsgrads der Produktionsstruktur, der Standorte und der Absatzmärkte; Planung und Kontrolle, Informationsbedarfe sowie Forschung und Entwicklung, Marktforschung und Werbung gewinnen voraussichtlich an Gewicht ebenso wie umweltbezogene Dienstleistungen. Dennoch wird auch im Jahre 2010 eine halbe bis eine Million Erwerbspersonen ohne Arbeit sein, im wesentlichen wegen mangelnder Qualifikation, welche die neuen Techniken und die Arbeitsschwerpunkte (dispositive, kontrollierende, regelnde Tätigkeiten) erfordern.

Welche Folgerungen sind daraus aus Sicht der Unternehmen zu ziehen? Veränderungen der Standortbedingungen wie skizziert stecken nur das Umfeld ab - und letztlich ist Erfolg das Ergebnis gelungener Strategie und nicht das deterministische Resultat der Zugehörigkeit zu einer schrumpfenden oder expansiven Branche. Wichtig ist also: die Evaluierung der Marktchancen, der Nachfragepotentiale, der Präferenzänderungen im Hinblick auf Individualisierung, Qualitätsbewußtsein und Freizeit; eine geeignete Personalpolitik aufgrund des Mangels an qualifizierten Arbeitskräften, speziell dabei die Forcierung beruflicher Weiterbildung; letztlich ist bei hoher Qualifikation der Mitarbeiter auch eine Anpassung der Führungs- und Organisationsstrukturen notwendig, die dann verstärkt auf die Verhältnisse in immer größer werdenden Märkten zugeschnitten sein muß.

* * *

Was sind nun das durchaus subjektive Lernergebnis und die Folgerungen aus diesen Präsentationen und Diskussionen - wenn man davon ausgeht, daß Lernen zu einem bestimmten Teil auch bedeutet, eigene Vor- und Vorausurteile bestätigt zu sehen?

Zum *ersten* erkennt man deutlich, daß es sehr unterschiedliche Meinungen über Frühindikatoren einer sich wandelnden Standortqualität gibt, und daß die Varianz der in der Zukunft erwarteten Situation in Beziehung auf heutige Werte eines Frühindikators sehr groß ist - man weiß eben über diese Zusammenhänge weniger, als man gerne wüßte, oder anders gesagt: es gibt noch keine oder zumindest keine allgemein akzeptierte dynamische Theorie der Standortqualität eines Landes; dies schließt auch ein, daß man Schwierigkeiten hat, kleine Veränderungen und Oszillationen rechtzeitig von Trendveränderungen unterscheiden zu können, ebenso wie daß die Interpretation von Indikatoren in starkem Maße, vor allem in den Medien und in der politischen Auseinandersetzung, von Mythen und Ideologien eingefärbt ist.

Zum *zweiten* erscheint es wichtig, noch einmal hervorzuheben, daß immer mehr Systeme im Wettbewerb miteinander stehen und nicht (nur) die Lohnkosten hier und dort; in dieses Bild paßt auch die neue Regulierungsphilosophie der Europäischen Gemeinschaft, nicht alles harmonisieren zu wollen, aber Informationen qualitätsmäßig abzusichern und den mündigen und lesefähigen Europäer entscheiden zu lassen - eben über das länderspezifische Angebot von Kosten, Qualitäten, Verpackungen etc., mithin auch über nationale Systeme der Angebotserstellung. Es liegt dabei auf der Hand, daß dann nicht nur Einzelfaktoren der Standortqualität von Bedeutung sind, sondern daß man ein "holistisches" Konzept entwickeln müßte, in das auch "weiche" Faktoren wie Lebens- und Wirtschaftsstile eingehen.

Zum *dritten* ist es einigermaßen erstaunlich, wie von vielen Seiten bestätigt wird, daß die Bundesrepublik offensichtlich das Land ist, das sich aktuell am wenigsten auf weltwirtschaftliche und vor allem europäische Veränderungen - Stichwort Binnenmarkt - einstellt; das mag vielleicht aufgund der hervorragenden Wirtschaftsdaten zur Zeit verständlich sein, allerdings sei auch daran erinnert, daß der Erfolg auch schon den Kern des Mißerfolgs in sich tragen kann - und in jedem Fall ist Vorsicht der bessere Teil der Tapferkeit.

Zum *vierten* ist aus technologischer Sicht die besondere Fähigkeit der deutschen Wirtschaft, neue Techniken zu absorbieren und zu inkorporieren, von Erfolg gekrönt und auch für die Zukunft beruhigend; die überwiegend doch relativ schwache Stellung im High-Tech-Bereich dagegen ist alarmierend, wenn man nicht gerade einer Art Nischenpolitik auf den Weltmärkten huldigt; auf jeden Fall aber scheint die forschungspolitische Euphorie im Bereich der Raumfahrt wenig ergiebig im Hinblick auf die spezifischen Stärken der deutschen Wirtschaft zu sein.

Zum *fünften* ist klar geworden, daß Vorsorge für die Zukunft des Standorts Bundesrepublik nur in einem breit angelegten Maßnahmenbündel geleistet werden kann; insbesondere scheint endlich eine Reorientierung der Subventionspolitik im japanischen Stil notwendig, und es ist breiter Konsens der Autoren dieses Bandes, daß der Strukturwandel und nicht strukturelle Rigidität bewußt gefordert und gefördert werden muß.

Zum *sechsten* muß noch einmal die überall hervorstechende Bewertung der Qualifizierung betont werden, die auch wieder mit Strukturwandel und Umdenken zu tun hat - Qualifizierung ist eben nicht nur Mehr-Lernen, sondern auch Umlernen und Umdenken; von daher gesehen ist auch das Investitionsdefizit im Hochschulbereich der Bundesrepublik Raubbau an der Zukunft und mit äußerster Skepsis zu betrachten - in nur wenigen bildungspolitischen Entscheidungen wird die Erkenntnis sichtbar, daß Erhaltungs- und Erweiterungsinvestitionen in die Köpfe von Menschen mit allergrößter Wahrscheinlichkeit die erfolgversprechendste Strategie der Sicherung und Fortentwicklung des wirtschaftspolitischen Potentials eines Landes sind.

Zum *siebten*: Das Thema "Entbürokratisierung" ist seit Jahren auf der Tagesordnung. Es fehlt jedoch an operationalen Konzepten, politischem Willen, und es gibt Widerstände in Hülle und Fülle. Bei diesem Thema ist jedoch nicht nur die staatliche Bürokratie angesprochen: Vergleichbare Bürokratien und Starrheit der Strukturen gibt es ebenso in Großunternehmen, und es ist im höchsten Maße beängstigend, wenn sogar vom zuständigen Brüsseler Kommissar Mammutunternehmen, die nach solch schlichter Denkweise allein für immer größer werdende Märkte geeignet sein sollen, gefordert und gefördert werden und damit Tendenzen zu weiterer Bürokratisierung Vorschub geleistet wird.

Und *letztlich*: Selbst wenn in Anbetracht der aktuellen Daten Dramatisierung nicht am Platze ist, so kann es trotzdem oder gerade deshalb nicht schaden, Leitbilder wie auch konkrete Programme für eine Modernisierung des Standorts Bundesrepublik zu erarbeiten; solche Programme sind keine Staatsprogramme, sondern müssen in aller Breite in Wirtschaft und Gesellschaft getragen werden - und wenn diese Breite noch nicht da ist, so muß durch stete Diskussion darauf hingewirkt werden. Denn allzu häufig wurde ja gesehen, daß diejenigen, die umdenken und sich ändern sollten, zu lange an alten Erfolgsrezepten festgehalten haben und dies auch allzu lange konnten, weil sie Machtpositionen innehatten - bis es dann eines Tages zu spät war. Unternehmen - und Analoges gilt für Staaten und andere Institutionen - sind nichts anderes als manifestierte, manchmal sogar versteinerte Erfolgsrezepte von gestern. Das Ziel muß es sein, diese Bausteine immer wieder aufzubrechen und in Erfolgsrezepte von morgen zu transformieren: Qualitätskontrolle in diesem Sinne ist Zukunftssicherung.

Qualitätskontrolle ist Zukunftssicherung: Der Standort Bundesrepublik im Profil

Meinolf Dierkes und Klaus Zimmermann

Anspruch und Wirklichkeit

Mathias Rust - der einzige Deutsche, der neben Franz-Josef Strauß in Friedenszeiten eigenhändig gen Moskau flog - wird sich gefreut haben, wie der "Economist" (26.3.1988) mit britischer Ironie kommentierte: Denn seinem Fliegerkollegen war es noch einmal gelungen (zumindest schien es zeitweise so), die Steuerfreiheit des Treibstoffs derjenigen, die zum Vergnügen durch die Luft fliegen, gegen Attacken des Bundesfinanzministers und der beinahe geschlossenen deutschen Öffentlichkeit zu verteidigen. Hintergrund dieses Aperçus war ein kritischer Bericht über die deutsche Steuerreform oder was daraus geworden war.

Ganz offensichtlich - man kann es in der Regierungserklärung nachlesen - war die Bundesregierung 1982 mit dem Ziel angetreten, auch materiell eine Wende zu vollziehen: also die öffentlichen Finanzen unter Kontrolle zu bringen, die Rolle des Staates in der Ökonomie zurückzuschneiden und den Unternehmen und Steuerzahlern mehr "Luft zum Atmen" zu lassen - nach dem bekannten "Leistung-muß-sich-wieder-lohnen"-Motto. Diese Ziele anzusteuern, wurde von vielen Seiten - Wirtschaft, Wissenschaft und Politik - als notwendig angesehen; so wurde beispielsweise argumentiert: Deutsche Unternehmen sehen sich einer etwa siebzigprozentigen Belastung der einbehaltenen Gewinne - doppelt so hoch wie in Großbritannien - gegenüber, und ein durchschnittlicher Arbeitnehmer wird um vierzig Prozent seines Einkommens an Steuern und Sozialabgaben erleichert, zehn bis zwanzig Prozent mehr als in den anderen großen und vergleichbaren Industrieländern. Im Kern ging es also um eine Stärkung der Fähigkeit und des Willens zur Leistung auf Seiten von Unternehmen und Arbeitnehmern.

Die deutsche Strategie sollte dabei gewissermaßen eine Reform durch Einsparung sein: Staatsausgaben sollten gedämpft werden, Subventionen gekürzt, Steuererleichterungen ausgemerzt - und das alles, um den Spitzensatz der Einkommensteuer von 56 auf 53 Prozent und die Körperschaftssteuer auf einbehaltene Gewinne von 56 auf 50 Prozent zu senken.

Das Ausmaß dieser "Jahrhundertreform" wäre aber selbst dann nicht sonderlich beeindruckend gewesen, wenn man sie als Überraschungscoup im britischen Stil durchgesetzt hätte, so meinen die "Economist"-Autoren. Im Rahmen des der deutschen politischen Kultur entsprechenden konsensusorientierten Verfahrens wurden aber die Vorhaben von 1990 schon 1984 angekündigt, und es kam, wie es kommen mußte: Sechs Jahre Zeit, um über eine Reform zu streiten, mußten in dem vielpoligen politischen und ökonomischen System der Bundesrepublik fast zwanghaft das Ziel einer kollektiven Rationalität verfehlen lassen. Man sollte sich also nicht wundern, daß das Ausmaß der Subventionen heute höher ist als 1982 - abgesehen davon, daß "Rückführung" von Transfers oder Steuererleichterungen typischerweise nur als geringeres Wachstum im Vergleich zu den Staatsausgaben insgesamt interpretiert werden darf. Als Reaktion auf abschlaffende Wachstumskräfte nach den ersten Jahren der konservativ-liberalen Koalition - heute würde man eher von einer Verschnaufpause reden - führten atlantische Anregungen, die deutsche Binnen-Ökonomie zu stützen (Lokomotivfunktion), zum Vorziehen von Teilen der Steuerreform; das Ergebnis war eine beträchtliche Konfusion des durchschnittlichen Bundesbürgers, und der Reiz geringerer direkter Steuern wurde von der Angst vor steigenden Defiziten des Staates überlagert. Da aufgrund des Dollarkursverfalls auch die Bundesbankgewinne - die "windfall profits" des Staates - schwanden, erschien als letzte Rettung dann wohl die Ankündigung und letztendlich auch Einführung der Quellensteuer, die Frankfurts Image als internationaler Finanzplatz ins Zwielicht brachte, wie auch der Präsident der Bundesbank attestierte (Die Welt, 21.4.1988), und die durch zunehmenden Tourismus ins ebenso schöne wie quellensteuerfreie Luxemburg die deutsche Zahlungsbilanz belastet hat; dieser Schachzug wurde begleitet von der Durchsetzung beträchtlicher Verbrauchssteuererhöhungen, die keineswegs stimulierend auf die inländische Nachfrage wirkten und auch dem letzten Steuerzahler demonstrierten, was von Steuererleichterungsversprechen des Staates im Saldo zu halten ist. Dabei meinen die Briten, beispielhaft demonstriert zu haben, wie man so etwas macht (Economist, 26.3.1988): "Tax reforms help growth which helps tax receipts which help tax reform" - in der Bundesrepublik sind die Zusammenhänge exakt in der umgekehrten Richtung gelaufen.

Vorbedingung des Erfolgs, und das wird im deutsch-englischen Vergleich drastisch klar, ist also ein klares und auch real umgesetztes Bekenntnis, daß *weniger Staat eben auch eine stärkere Ökonomie bedeutet* - und genau an diesem klaren Bekenntnis und ebenso klar formulierten operationalen Zielen, handwerkliches und politisches Geschick und psychologisches Einfühlungsvermögen ganz außen vor, besteht offensichtlich ein Defizit.

Es liegt auf der Hand, wie diese Analyse mit dem aktuellen Thema "Wirtschaftsstandort Bundesrepublik" zusammenhängt: Der "SPIEGEL", der diesem Thema im April 1987 eine Titelgeschichte widmete, kolportierte nur die halbe Wahrheit, wenn er die Diskussion um den Wirtschaftsstandort Bundesrepublik als reine Propaganda der Unternehmerschaft ausgab - mit dem Ziel, für eine Reform der Unternehmenssteuern Anfang der neunziger Jahre möglichst viel herauszuholen. Es scheint wesentlicher, den Zusammenhang zwischen der *Aktualität des Themas* und der *wahrgenommenen Fähigkeit von Regierung und politischem System* generell zu betonen, eben zwischen den Facetten des Wirtschaftsstandorts Bundesrepublik Deutschland und ihren Entwicklungen und der Wirtschaftskompetenz der im öffentlichen Raum Agierenden, also der Politiker, Parteien, Tarifpartner, Lobbies etc., die sich im politischen Prozeß allzu häufig von der individuellen Rationalität zur kollektiven Unvernunft verformt. Über alle objektiven, internationalen Vergleichsdaten des Standorts Bundesrepublik Deutschland hinaus ist solche wirtschaftspolitische Problemlösungskompetenz ein überaus wichtiger Faktor für das Eigen- und Fremdimage des Unternehmens "Bundesrepublik Deutschland" und als Ressource kaum substituierbar - wer würde schon Aktien eines Unternehmens kaufen, dessen Vorstände keine klaren und effektiven (im Sinne von "die richtigen Sachen machen") Ziele formulieren und diese Ziele nicht effizient (im Sinne von "die Sachen richtig machen") umsetzen?

So gesehen ist die vieldiskutierte Krise des Wirtschaftsstandorts Bundesrepublik Deutschland zu einem gehörigen Teil eine Reflektion offensichtlichen Zweifels an der Kompetenz der handelnden Figuren, aber auch der politischen und gesellschaftlichen Problemlösungsmechanismen in der Bundesrepublik Deutschland generell; der deutsche Hang zum "Selbstzweifel" kann hier adäquate Nahrung finden und das durchaus nicht immer ganz unberechtigt. Schaut man nämlich etwas tiefer, so offenbaren die vielgerühmten Vorteile des Standorts Bundesrepublik Deutschland - die politische und soziale Stabilität und der Wille zum Konsens - einen deutlichen Januskopf: Der relativ oder auch höchst befriedigende Status quo ist immer nur eine Momentaufnahme und trägt den Kern der Instabilität in sich - wenn alles so bleibt wie es ist, dann ist es eines Tages nötig, daß sich alles radikal verändert. Verkrustete Strukturen, ein ausgeprägtes Sicherheits- und Anspruchsdenken, das Mobilität und Flexibilität und die entsprechenden Kosten möglichst Dritten aufbürdet, dürften den Anpassungswillen und die Anpassungschancen an Umweltveränderungen stark einschränken - und niemand kann heute sagen, ob das verbleibende Quantum ausreicht, um den Anforderungen einer sich dynamisch entwickelnden Umwelt langfristig zu begegnen.

Man kann es nicht oft genug betonen: Veränderungen und Wandel erzeugen notwendigerweise Instabilitäten, also auch Gewinner und Verlierer; sie sind aber der unumgängliche Preis einer dynamisch interpretierten Stabilität, der beglichen werden muß, wenn man im weltweiten Wettbewerb bestehen will - und man sollte sich keine Illusionen machen, man hätte zu Veränderungen alle Zeit dieser Welt.

Dynamik setzt eben immer Veränderung voraus, in institutionellen Arrangements und in ablaufenden Prozessen: Welcher Sinn - so fragte der "STERN" seine Leser (10.3.1988) - steckt beispielsweise in Paragraph 46 Arbeitsförderungsgesetz, der besagt, daß Umschüler zunächst einmal drei Jahre als abhängig Beschäftigte Leistungen an die Bundesanstalt für Arbeit erbringen müssen, anstatt sich sofort selbständig machen zu können? In den Bereich mittelalterlichen Zukunftsdenkens gehören solche Bestimmungen der Handwerksordnung, daß man erst in die Handwerksrolle eingetragen sein muß, um selbständig einen Betrieb zu leiten - ein Fensterputzer muß so in die Rolle, ein Expreß-Besohler nicht. Wenn aufgrund der Arbeitszeitverkürzungen Freischichten anfallen und viele Unternehmen beispielsweise deshalb von Weihnachten bis weit nach Neujahr schließen, dann verursacht diese mangelnde Ausnutzung investierten Kapitals auch bei dem zurückhaltendsten Japaner ungläubiges Staunen - zumindest zur Zeit noch.

Dies sind nur Ausschnitte aus dem Rasterbild der ganz gewöhnlichen deutschen Rigiditäten und Absonderlichkeiten: *Qualitätskontrolle* eines Standorts wie der Bundesrepublik bedeutet eben nicht nur festzustellen, daß es so schlimm nun gar nicht ist und sich nach Betrachtung der Daten befriedigt zurückzulehnen, wie es der "SPIEGEL" tat, auch nicht, sich in Schwarzmalerei zu üben (zu teuer, zu lahm, zu satt, zu stur), wie es der "STERN" tat, sondern die Veränderungen in der Umwelt zur Kenntnis zu nehmen und zu prüfen, wohin die Trends in der Bundesrepublik gehen und ob sie in die richtige Richtung mit ausreichender Stärke weisen. Qualitätskontrolle ist - wie das Handwörterbuch der Wirtschaftswissenschaft ausweist - sowohl *Bewertung bereits vorhandener wie auch zukünftiger Leistungen*, und das gilt nicht nur für die statistische Qualitätskontrolle im Betrieb, sondern auch für die Nation als Wirtschaftsstandort. Und als

Nationen leben die Deutschen bezüglich ihrer nationalen Standortvorteile und -nachteile mit allen anderen Nationen im Wettbewerb - und wer behauptet, Weltmarkt und Weltwettbewerb hätten etwas von der "sozialen" Marktwirtschaft an sich, der irrt: Es ist kein System vorstellbar, das denjenigen, der über seine Verhältnisse lebt und der sich geänderten Verhältnissen nicht adäquat und schnell anpaßt, nicht mitleidlos bestraft - die Briten können hiervon ein Lied singen. Wie sich diese Vor- und Nachteile entwickelt haben und noch entwickeln, welche erkennbaren oder sich anbahnenden Nachteile besondere Aufmerksamkeit verdienen, soll in einem skizzenhaften Profil des Standorts Bundesrepublik anhand einiger zentraler Indikatoren kurz beschrieben werden. Daten und Ausführungen beruhen im wesentlichen auf Quellen der Amtlichen Statistik und Aufbereitungen und Analysen des Instituts der Deutschen Wirtschaft, Köln; aufgrund des internationalen Vergleichs ist, soweit nicht anders angegeben, 1987 das letzte datenmäßig erfaßte Jahr (vgl. insbesondere: Institut der Deutschen Wirtschaft, Internationale Wirtschaftszahlen - International Economic Indicators 1989, Köln 1989 sowie: Informationsdienst des Instituts der deutschen Wirtschaft, iwd).

Arbeitskosten

Arbeitskosten je Stunde in der Industrie sind ein wesentlicher Indikator für die relative Position eines Landes in der internationalen Arbeitskostenstruktur - bekanntermaßen setzen sich die Kosten je Arbeitsstunde aus dem *Direktentgelt* für geleistete Arbeit und den *Personalzusatzkosten* zusammen. Im wesentlichen aufgrund der starken Wechselkursveränderungen (1985-87) ist die Bundesrepublik in der Arbeitskostenskala von Platz fünf auf Platz zwei vorgerückt (DM 32,7/Std. in der verarbeitenden Industrie) - nur in der Schweiz sind die Arbeitskosten noch geringfügig höher (iwd, 21.4.1988). Die USA - langjähriger Spitzenreiter - befinden sich auf Platz neun (DM 24,6/Std.), und Australien ist geradezu zu einem Niedriglohnland geworden (DM 18,9/Std.). Bezogen auf die nationale Währung war die Steigerung der Arbeitskosten von 1985/87 mit 10,1 Prozent eher mittelmäßig, aufgrund des Wechselkurseffekts aber durchaus gravierend. Die USA haben somit einen doppelten Wettbewerbsvorteil: Einerseits stiegen die Arbeitskosten in nationaler Währung zwischen 1985 und 1987 nur um 4,4 Prozent, andererseits können sie dies aufgrund des schwachen Dollars auch in höhere Exportzuwächse umsetzen.

Das Problem der Bundesrepublik ist nicht so sehr das Direktentgelt für "echte Arbeit" - hier liegt sie (DM 17,7/Std.) im Mittelfeld noch hinter den USA und Japan -, das Problem sind eindeutig die *Personalzusatzkosten*: Dort rangiert die Bundesrepublik durch die sehr hohen Aufwendungen für Urlaub, Feiertage, Krankheitstage und die Vielfalt sozialer Leistungen gesetzlicher, tariflicher und betrieblicher Art einsam an der Spitze: In der Bundesrepublik nahmen die Personalzusatzkosten von 1970 bis 1987 doppelt so stark zu wie die Stundenlöhne, und heute zahlt ein deutsches Unternehmen knapp DM 15 an Personalzusatzkosten pro Stunde - die USA im Vergleich nur DM 6,70, Japan DM 5,65 und Großbritannien DM 5,27. In einigen Wettbewerbsländern (Italien, Belgien, Niederlande) wurden darüber hinaus eben aus diesen Gründen der internationalen Wettbewerbsfähigkeit die Beiträge der Unternehmen zu den sozialen Leistungen fiskalisiert - also vom Staatshaushalt übernommen (iwd, 21.4.1988).

Stückkosten

Die Arbeitskosten sind informativ und wichtig für die internationale Statistik der relativen Position im Arbeitskostengefüge - für den Wettbewerbserfolg sind sie allerdings weniger relevant. Hier sind in erster Linie die *Stückkosten* aussagefähig: Wer mit geringeren Stückkosten produziert, ist im Vorteil. Die *gesamtwirtschaftlichen Stückkosten* sind in der Bundesrepublik in den letzten Jahren nur moderat gestiegen, wie auch der Bundesverband der Deutschen Industrie attestiert - ein Hauptgrund für die Exporterfolge.

Allerdings zeigt sich in der Disaggregierung ein etwas differenzierteres Bild: Während die Kostensteuern und die Kapitalkosten nur gering stiegen, sanken die Importkosten beträchtlich mit der Folge, daß die gesamtwirtschaftlichen Stückkosten 1986 sogar um 1,8 Prozent zurückgehen konnten - obwohl die *Lohnstückkosten* um 2,3 Prozent anstiegen (iwd, 26.3.1987). Da nicht weiter mit derartig gewaltigen Verbilligungen der Importkosten gerechnet werden kann, wird die Entwicklung der Lohnstückkosten ganz wesentliche Einflüsse auf die zukünftige Wettbewerbssituation ausüben - und hier zeigte sich im Laufe des Jahres 1987 eine deutliche und im Vergleich zu den Weltmarktkonkurrenten signifikant stärkere Beschleunigung der Aufwärtsbewegung, die letztlich zum Ausdruck bringt, daß ein bestimmter Teil der Arbeitskosten eben nicht durch höhere Produktivität abgedeckt ist (Prozent-Veränderung 1987 in US-$: Bundesrepublik 23,9 Prozent; Frankreich 14,9 Prozent; Japan 13,5 Prozent; USA -1,5 Prozent). Die häufig in auf Abwiegelung der Diskussion abgestellten Beiträgen erscheinende Vorstellung der quasi arbeiterlosen Fabrik mag sich hier und dort finden, trifft aber nicht die Realität der deutschen Gesamtwirtschaft: Noch 1986 machten die Lohnkosten 51,9 Prozent des gesamten Kostenblocks aus - und sie sind gegenüber 1985 sogar um 2,1 Prozentpunkte gestiegen; betrachtet man nur den inländischen Kostenblock (also ohne Importe), dann dominieren die Arbeitskosten in beeindruckender Weise (iwd, 26.3.1988): Mit 70,4 Prozent sind sie weitaus höher als die Kostensteuern (13,4 Prozent) und die Abschreibungen (16,2 Prozent).

Mithin kann im Durchschnitt keine Rede von vernachlässigbaren Arbeitskosten sein - die Lohnstückkosten sind in einer dominierenden Rolle für hausgemachtes Ungemach bei der Preisentwicklung und somit auch die wesentliche, aber eben gestaltbare Determinante, welche die wirtschaftliche und gesellschaftliche Verantwortung für die Zukunft der Bundesrepublik als Wirtschaftsstandort zum Ausdruck bringt.

Arbeitszeit

In der japanischen Industrie stieg die effektive *Jahresarbeitszeit* je Beschäftigten von 2.035 Stunden in 1975 auf 2.133 Stunden in 1986, und gleichzeitig nahm auch die Zahl der Erwerbstätigen in der Industrie zu. In den USA stieg die entsprechende Zahl von 1.914 auf 1.966 Stunden; allein in der Bundesrepublik ging die Arbeitszeit von 1.737 auf 1.630 Stunden zurück (iwd, 24.3.1988) - Deutschland ist offenbar das einzige Industrieland, wo man immerhin einige Zeit glaubte, man könnte durch weitere Arbeitszeitverkürzung Arbeitslosigkeit bekämpfen; daß dies aber nur möglich ist auf der Basis eines prinzipiellen Konsenses im Hinblick auf die Entkoppelung von Arbeitszeit und Betriebszeit der Anlagen (Flexibilisierung), ist wohl mittlerweile von allen Seiten akzeptiert - und ein Indiz dafür, daß die deutschen Strukturen so sklerotisch wohl nicht sind - wie manchmal unterstellt wird.

Aber auch in dem Mangel an *Fehlzeiten* sind die Japaner führend: 4,2 Tage sind Weltrekord, die USA weisen noch 8 Tage auf und der durchschnittliche Arbeitnehmer in der Bundesrepublik bringt es auf 17,2 Tage.

Urlaub ist in Japan quasi unbekannt - von den zustehenden 15 Tagen nimmt der Japaner gar nur 9,7; auch der Durchschnittsamerikaner urlaubt nur zwölf Tage im Jahr - im Gegensatz zum deutschen Arbeitnehmer, der dreißig Tage Rekreationsbedarf hat, zumindest steht ihm dies zu.

Urlaub, Feiertage und Krankheit faßt man in der Statistik zu den *Ausfalltagen* zusammen: neben Schweden und den Niederlanden liegt die Bundesrepublik mit 58,2 Tagen p.a. in der Spitzengruppe und Japan und die USA mit ca. dreißig Tagen am Ende der Liste - selbst die bei den Arbeitskosten so teure Schweiz liegt hier nur im unteren Mittelfeld.

Ob kürzere Arbeitszeit zu mehr Wachstumsdynamik der Güter und Dienste wie auch der Arbeitsplätze führt, erscheint also einigermaßen zweifelhaft - zumindest weist ein mittleres jährliches Wachstum in der Periode 1975/86 von knapp 2,4 Prozent in der Bundesrepublik und 4,3 Prozent in Japan sowie 2,9 Prozent in den USA nicht gerade darauf hin. Kürzere Arbeitszeiten und längerer Urlaub haben natürlich auch eine andere Seite: Nach einer Studie des "Population Crisis Committee" (Washington) über die Lebensqualität im internationalen Vergleich steht die Bundesrepublik 1986 jedenfalls auf Platz zwei, knapp hinter der Schweiz - ein erfreuliches Ergebnis, das man aber erst als Besitzer eines Arbeitsplatzes so recht genießen kann.

Unternehmenssteuern

Die Bundesrepublik ist von den großen Industrienationen das *klassische Hochsteuerland der Unternehmensbesteuerung*. Die Unternehmenssteuern auf einbehaltene Gewinne sind hier weitaus höher als im Ausland, woraus sich zwangsläufig Probleme der Finanzierung von Risikoinvestitionen ergeben. Das deutsche Steuerrecht huldigt seit alters her dem Prinzip der steuerlichen Gleichbehandlung von ausgeschütteten und einbehaltenen Gewinnen: Der Körperschaftssteuersatz auf einbehaltene Gewinne liegt bei 56 Prozent, auf ausgeschüttete Gewinne bei 36 Prozent. Da aber die gezahlte Körperschaftssteuer bei ausgeschütteten Gewinnen auf die Einkommenssteuerschuld angerechnet wird, ergibt sich bei einer 56-prozentigen Grenzsteuerbelastung die gleiche Behandlung. Dahinter steht der finanzwissenschaftliche Grundsatz der Neutralität der Besteuerung - niemand soll sich allein aus steuerlichen Gründen für eine bestimmte Art der Gewinnverwendung entscheiden, und volkswirtschaftlich gesehen ist dies auch sinnvoll: Die Gewinne sollen dorthin gehen, wo die zusätzlichen Erträge am höchsten sind. So weit, so gut: Nur funktionierte dieses "Schütt-aus/ hol-zurück"-Prinzip zumindest in der Bundesrepublik nicht so recht - eigenfinanzierte Investitionen wurden überwiegend aus einbehaltenen Gewinnen bestritten. Die deutschen Weltmarktkonkurrenten haben dieses Problem zugunsten der

Förderung von Investitionen, Wachstum und Beschäftigung schon längst gelöst und begünstigen die Investitionsfinanzierung per einbehaltene Gewinne im Vergleich zu Fremd- und Beteiligungsfinanzierung überdeutlich.

Das Institut der deutschen Wirtschaft hat den methodisch schwierigen *internationalen Vergleich der Unternehmenssteuern* versucht, durch die Modelle der vollständigen Thesaurierung und der vollständigen Ausschüttung in den Griff zu bekommen (W. Fuest, R. Kroker, Unternehmens- und Investitionsbesteuerung im internationalen Vergleich, in: iw-trends I/87, Köln). Bei der vollständigen Thesaurierung zeigt sich, daß die deutschen Unternehmen die mit Abstand höchste Körperschaftssteuerbelastung aufweisen - im wesentlichen deshalb, weil die Konkurrenten die entsprechenden Sätze schon längst gesenkt haben. Großbritannien ist hier aus Unternehmenssicht wohl das absolute Schlaraffenland - 35 Prozent maximal, verbunden mit einer Tarifstaffelung (29 Prozent für Gewinne unter 100.000 £ bis zu 35 Prozent für Gewinne oberhalb 500.000 £), muten an wie im Märchen. Auch beim Modell der vollständigen Ausschüttung kommt die Bundesrepublik nicht gut weg: Schweden ist mit einer 76-prozentigen Belastung hier zwar Weltspitze, aber die Bundesrepublik kommt auf einen guten zweiten Platz mit 50 Prozent.

Die Situation wird im Vergleich für die Bundesrepublik noch weitaus schlechter, wenn man alle für die Unternehmen relevanten Steuern berücksichtigt: So gibt es in Italien, Holland und Großbritannien überhaupt keine zusätzlichen Unternehmenssteuern, das Fossil der ertragsunabhängigen Gewerbekapitalsteuer ist eine pure deutsche Eigenart und andere ertragsunabhängige Steuern wie die Vermögenssteuer gibt es auch nur noch in Japan, Österreich und der Schweiz. Die Folge davon ist, daß durchschnittlich in der Bundesrepublik ein Nettogewinn nach Steuern von 29,2 Prozent verbleibt (iwd, 12.2.1987); anders gewendet: Die Gesamtsteuerbelastung der einbehaltenen Gewinne (Körperschaftssteuer,Gewerbeertrags/Gewerbekapitalsteuer, Vermögenssteuer) liegt bei 70,8 Prozent (1986). Das ist unter den wesentlichen Konkurrenten die absolute Spitze - und dieser Spitzenwert ist seit 1984 vor allem aufgrund der steigenden Hebesätze der Gewerbesteuer sogar noch gestiegen (+1,1 Prozentpunkte), während in allen anderen Ländern deutliche Rückgänge zu verzeichnen sind.

Die Analysen des Instituts der deutschen Wirtschaft auf dem schwierigen Feld des internationalen Unternehmenssteuernvergleichs haben zwangsläufig Kritik hervorgerufen - so kommt man auf der Basis von Daten und Systematik der Volkswirtschaftlichen Gesamtrechnung zu sehr viel niedrigeren Belastungszeiten, worauf insbesondere Biedenkopf/Miegel in ihrem neuesten Buch (Investieren in Deutschland, Stuttgart 1989) noch einmal hinweisen. Aber auch das Pochen auf günstige Abschreibungs-/Rückstellungsregeln und den Gegenwert der Steuerlast in Form einer exzellenten Infrastruktur führt nicht daran vorbei, daß die Bundesrepublik international gesehen ein Hochsteuerland ist - und zumindest Kosteneinsparungen über Infrastrukturnutzung ausländischen Investoren in ihrem Renditevergleich reichlich intangibel erscheinen müssen.

Wenn dies aber der Fall ist, und man zukunftsorientiert auf der sicheren Seite stehen möchte, dann tut hier besonders Veränderung not - und die Senkung des Steuersatzes auf einbehaltene Gewinne von 56 auf 50 Prozent im Jahre 1990 ist nicht mehr als ein Tropfen auf den heißen Stein, denn die Gesamtsteuerbelastung wird nur auf ca. 66 Prozent zurückgehen. Selbst wenn der "SPIEGEL" im Kern Recht haben sollte, daß die Diskussion um den Standort Bundesrepublik auch für einen guten Startplatz in der weiteren Reformdiskussion um die Unternehmenssteuern sorgen sollte, so ist ein dringender Reformbedarf hier grundsätzlich eine unabweisbare Forderung zur Sicherung zukünftiger Wettbewerbsfähigkeit.

Energie/Umweltschutz

Es ist gar keine Frage, daß der sparsame und rationelle Umgang mit natürlichen Ressourcen die *Gegenwartsaufgabe für die Zukunft* ist - trotz der Ölschwemme zur Zeit. Es ist auch keine Frage, daß diese Sichtweise von der Mehrheit der deutschen Bevölkerung geteilt wird. Wenn man aber über Wettbewerbsvor- und -nachteile von Nationen redet, dann muß der Rechenstift ganz nüchtern an die Stelle von Meinungen und Emotionen treten - und dann kommt man nicht umhin, die Bundesrepublik als ziemlich ungeeigneten Standort für energie-, insbesondere stromintensive Betriebe zu klassifizieren. Die Bundesrepublik hat mit das höchste *Strompreisniveau* in der EG - gegenüber Frankreich zum Beispiel um ein Drittel höher. Dies ist einerseits eine Folge des Standortnachteils in einem dicht bevölkerten Land: Zwangsläufig sind hier aufgrund der potentiell höheren Schadenskosten auch die Umweltschutzkosten zur Verhinderung oder Verminderung eben dieser besonders hoch (Großfeuerungsanlagenverordnung). Auf der anderen Seite ist es mit dem berühmten deutschen Konsens in der Energiepolitik speziell nicht so weit her: Die Kernenergiepolitik befindet sich in einem deutlichen Schwebezustand - ein klassischer Fall von Non-Decision-Making. Dabei ist es gar keine Frage, daß Atomstrom in bestimmten Lastbereichen einen Kostenvorteil von 3,5-4,5 DPf/kWh gegenüber der Kohle hat (iwd, 12.11.1987): Bei 30 Mio. kWh Tagesleistung eines Kernkraftwerks sind das pro Tag über eine Million DM Kostendifferenz - zumindest kurzfristig gesehen, wenn man sich allein auf die Erzeugungskosten beschränkt und das langfristige Entsorgungsproblem außer Ansatz läßt. Trifft man gesellschaftlich mit dem Argument des Schutzes zukünftiger Generationen eine Entscheidung gegen Kernenergie, so ist das natürlich eine legitime Entscheidung - eine Entscheidung allerdings, deren "dynamische" Nettonutzen unklar sind: Der Ausstieg könnte auch die Zukunftschancen im internationalen Wettbewerb vermindern, möglicherweise auch umweltpolitisch (Klima) problematisch sein.

Unter Langfristaspekten wird häufig vertreten, daß dies vom *Umweltschutz* gerade nicht gilt: Umweltschutzinvestitionen heute (Stichwort: ökologische Modernisierung) schaffen außer einer sauberen Umwelt auch das Know-how für den späteren Export solcher Technologien. Diese These wird seit Beginn der Umweltschutzdiskussion in der Bundesrepublik Deutschland vertreten. Bisher allerdings ist die Umweltschutzindustrie nicht unbedingt zum Exportmotor der deutschen Wirtschaft geworden: Bei einem Anteil der Umweltschutzexporte am Gesamtexport der deutschen Wirtschaft von 0,9 Prozent (1984) dürfte dies auch nur schwerlich möglich sein; dazu sind nach einer Erhebung des Ifo-Instituts für Wirtschaftsforschung aus dem Jahre 1987 mit Daten von 1984 (Die Wirkungen der Umweltpolitik auf den Markt für Umweltschutzeinrichtungen, München 1987) die Unternehmen, die zum Umweltschutzmarkt gehören, aber teilweise auch andere Produkte anbieten, mit einer Exportquote von durchschnittlich 49,4 Prozent zwar besonders exportintensive Unternehmen (Durchschnitt des Verarbeitenden Gewerbes: 29,1 Prozent), jedoch liegt der mittlere Exportanteil in diesen Unternehmen, der mit Umweltschutzangeboten speziell getätigt wird, nur bei 40,5 Prozent und damit um einiges niedriger.

Offensichtlich ist diese Langfristhypothese weitaus langfristiger gemeint als die knapp zwei Jahrzehnte, in denen offizielle Umweltpolitik in der Bundesrepublik betrieben wird - solange dies aber so ist, reduziert sich Umweltschutz aus Sicht der Gesamtheit der deutschen Unternehmen auf einen gewichtigen Kostenfaktor im internationalen Vergleich.

Die Bundesrepublik Deutschland ist ja ein Land mit *sehr strengen Umweltauflagen*, und dies führt zwangsläufig zu hohen Investitionen und Betriebskosten in der Industrie. Betrachtet man die Statistik der Umweltinvestitionen des produzierenden Gewerbes in Prozent des Bruttosozialprodukts, so steht die Bundesrepublik 1986 mit 0,36 Prozent hinter den USA (0,55 Prozent) an zweiter Stelle - mit weitem Abstand vor den Niederlanden, Frankreich und auch dem umweltpolitisch vielgerühmten Japan mit 0,12

Prozent (iwd, 24.3.1988). Allein im Jahre 1986 hat die deutsche Industrie ca. sieben Mrd. DM in Umweltschutzanlagen investiert - etwa soviel wie die Bundesrepublik auch an Entwicklungshilfe gezahlt hat. Für manche Branchen tun sich da geradezu Abgründe im internationalen Wettbewerb auf: Die Investitionskosten für Umweltschutz bei den Raffinerien lagen 1985 fünfmal so hoch, die Betriebskosten dreimal so hoch wie bei den EG-Nachbarn Belgien, Frankreich, Italien und Niederlande. Für einige Branchen wie der Maschinenbau bedeuten unterschiedliche Umweltanforderungen im Inlandsmarkt und den Exportländern Zusatzkosten durch notwendige Sonderentwicklungen - diese Differenzierung macht es fraglich, inwieweit derartige zusätzliche Kosten durch steigende Losgrößen überhaupt aufgefangen werden können.

Aber für die Gesellschaft als Ganze ist es unkontrovers: Natürlich ist Umweltschutz nötig, und diesen Aufwendungen steht ja auch ein realer Umweltqualitätseffekt gegenüber - aber internationale Harmonisierung ist angesagt und politisch im Rahmen des Europäischen Binnenmarkts anzustreben, um die Wohlfahrt aller durch den Abbau solcher nichttarifärer Handelshemmnisse zu steigern.

Exporte/Importe

Geht man zu den externen Wirtschaftsverflechtungen über, so fällt oft das Schlagwort vom *Exportweltmeister Bundesrepublik.* Richtig ist, daß bei einer deutschen Exportquote von 38,5 Prozent (1986) nach der UNO-Statistik die Bundesrepublik im Jahr 1986 11,5 Prozent der Weltausfuhren bestritten hat - gegenüber den USA mit 10,3 Prozent und Japan mit 9,9 Prozent (iwd, 2.7.1987); falsch ist, dies als eindeutiges Zeichen von internationaler Wettbewerbsstärke zu interpretieren: Die Weltmarktposition ist durch den Dollarkursverfall gegenüber der DM stark überzeichnet, denn es stiegen zwar die deutschen Ausfuhren 1986 auf Dollarbasis um 32 Prozent, auf DM-Basis aber verringerten sie sich um zwei Prozent. Dramatik ist hier allerdings auch nicht angesagt, denn vom Exportniveau her ist die Bundesrepublik wirklich an der Spitze: Von den Ausfuhren der OECD-Länder hat die Bundesrepublik im Jahre 1986 16,5 Prozent bestritten, vor den USA mit 14,8 Prozent und Japan mit 14,4 Prozent - bei den Industriewaren und bei Chemieerzeugnissen war die deutsche Industrie ungeschlagen, bei den Investitionsgütern an dritter Stelle. Auch die Feinstruktur der OECD-Ausfuhren nach 35 Warengruppen läßt noch keine Ängste aufkommen: 1985 lag die

Bundesrepublik in zehn Warengruppen auf Platz eins (USA und Japan hatten nur sieben erste Plätze), in 16 Gruppen wurde Platz zwei und in sieben Platz drei erreicht - nur bei zwei von 35 Warengruppen gehörte die Bundesrepublik nicht zu den führenden Ländern. Aber: Bei Automobilen ist Japan mit neun Prozentpunkten Vorsprung unschlagbar - in den High-Tech-Bereichen Büro/Datenverarbeitung und Nachrichtentechnik sind die Japaner Marktführer mit einigermaßen beunruhigenden Distanzen. Ganz offensichtlich ist die Bundesrepublik das Musterland für *Gebrauchsgüter gehobenen Niveaus*. Diese Charakterisierung hat sich immer weiter verstärkt und in 1986 konnte die Bundesrepublik schon 14 erste Plätze in dieser Kategorie einnehmen - aber hier werden die Schwellenländer vor allem in Südostasien zunehmend zu starken Konkurrenten, was in der Statistik der OECD-Länder nicht zum Ausdruck kommt.

Steigende Konkurrenz zeigt sich auch im deutschen *Inlandsmarkt*: Im März 1987 lagen die Importpreise durch die DM-Aufwertung bedingt um 9,2 Prozent unter dem Vorjahresniveau - im Durchschnitt des Jahres 1986 verbilligten sich die Einfuhren gegenüber 1985 um 16 Prozent (iwd, 28.5.1987). Die Folge davon ist, daß 1986 6,2 Prozent mehr importiert wurde als 1985 - mit einer durchschnittlichen Importquote an Industrieprodukten von 32,8 Prozent, die sich seit 1980 um ca. sieben Prozentpunkte gesteigert hat. Schwerpunkt der wachsenden Konkurrenz durch Importe sind dabei die Verbrauchsgüter mit einer Importquote von 36,6 Prozent im Jahre 1986 (drei Prozentpunkte mehr als 1985) - im wesentlichen bedingt durch die Wettbewerbsstärke der Niedriglohnländer im Fernen Osten. Der Importquotenanstieg im Bereich der Investitionsgüter hält sich mit 1,4 Prozentpunkten im Rahmen, die Entwicklung ist aber nicht einheitlich insoweit, als bei intelligenten Produkten (Büro/Datenverarbeitung) Steigerungen von über acht Prozentpunkten am Inlandsmarkt erzielt werden konnten.

Dies ist nun keineswegs tragisch und weltwirtschaftlich völlig in Ordnung: weil internationale Arbeitsteilung zum Wohle aller ist, wenn man Wettbewerb bejaht. Allerdings sollte man nicht übersehen, daß die Bundesrepublik bei steigender Importkonkurrenz selbst als Exportweltmeister in eine schwierige Lage kommen könnte, denn die temporäre relative Unabhängigkeit vom Inlandsmarkt bedeutet für die deutsche Wirtschaft auch eine Gefahr: Gesetzt den Fall, es träten Absatzprobleme größeren Ausmaßes im Ausland - durch wettbewerbliche oder konjunkturelle Ursachen - auf, so wird es immer schwieriger, potentielle Ausfälle draußen durch Geschäftssteigerungen drinnen auszugleichen. Der Inlandsmarkt muß im Volumen immer stärker wachsen, um Absatzprobleme draußen aufzufangen, was mit dem sogenannten Hebelkoeffizienten erfaßt wird (iwd, 29.1.1987):

Reichte 1970 bei einem Exportrückgang von einem Prozent eine Steigerung des Inlandsgeschäfts von 0,3 Prozent, so waren es 1986 schon 0,6 Prozent im Industriedurchschnitt, in einzelnen Branchen weit mehr. Diese Zunahme des Inlandsgeschäfts für deutsche Unternehmen zu erreichen, wird aber bei steigendem Importdruck - und nicht zu vergessen: sinkender Bevölkerungszahl - immer weniger wahrscheinlich. In dieser Situation die Kaufkrafttheorie des Lohnes wiederauferstehen zu lassen, wäre eindeutig als Therapie kontraindiziert, und das wird wohl auch von den deutschen Gewerkschaften so gesehen.

Dienstleistungshandel

Dieser Abschnitt gilt einem speziellen, aber selten diskutierten Schwachpunkt im Außenwirtschaftsbereich der Bundesrepublik: dem *Dienstleistungshandel*, der anteilsmäßig am Welthandel stetig steigt - von 1970 bis 1985 war die jahresdurchschnittliche Zunahme mit 14,4 Prozent immerhin um einen Prozentpunkt höher als beim Warenhandel, und der Anteil der Dienstleistungen am Welthandelsumsatz stieg von 27,8 auf 30,7 Prozent (iwd, 30.4.1987). Die Stellung der Bundesrepublik ist hier äußerst mäßig mit einem Anteil am Dienstleistungswelthandel von 6,6 Prozent (1985), und vor allem ist der Abstand zur Spitze (USA: 12,8 Prozent; Großbritannien: 12,1 Prozent) stetig gestiegen. Man mag sich damit trösten, daß auch Japan hier nur mäßige Leistungen zeigt, aber zumindest ist der japanische Anteil in der 15-Jahresperiode von 4,8 auf 6,2 Prozent gestiegen, während der deutsche von 9,6 auf besagte 6,6 Prozent zurückgegangen ist. Im einzelnen: Bei den Transporten liegt die Bundesrepublik mit einem Anteil von 6,5 Prozent in dieser Kategorie auf Platz fünf (USA: 14,5 Prozent); beim Reiseverkehr mit 10,7 Prozent auf Rang zwei hinter den USA; bei den Einkünften aus Direktinvestitionen mit 3,5 Prozent in dieser Kategorie auf Rang vier; bei den Kapitalerträgen (Kredite, Darlehen, Aktien) mit 3,6 Prozent auf Rang sechs, wobei die Umsätze in dieser Sparte fast fünfzig Prozent des gesamten Dienstleistungswelthandels ausmachen; und bei den übrigen Dienstleistungen (Service, Montage, Patente, Lizenzen, Leasing), die 25 Prozent des Welthandelsvolumens mit Dienstleistungen ausmachen, immerhin nach den USA auf Rang zwei (10,7 Prozent Anteil).

Diese Handelsvolumen mit Dienstleistungen sagen zwar etwas über die Position in der internationalen Arbeitsteilung aus, sind aber keine schlüssigen Indizien für die Wettbewerbsposition - hier sind die *Salden der Dienst-*

leistungsbilanzen, die ein anderes Bild geben als die der Handelsbilanzen, aussagekräftiger: Erwartungsgemäß sind gerade die Länder mit großem Warenexport (Japan, Bundesrepublik) Defizitländer, während die USA, Großbritannien, Frankreich und die Schweiz hier traditionell gut dastehen. Die Erklärung für das deutsche Defizit in diesem Bereich liegt auf der Hand: Die Bundesrepublik ist von der Struktur her immer noch ein Industrieland, mit Sicherheit kein ausgesprochenes Ferienland und berühmtberüchtigt für alle Arten von Regulierungen im Dienstleistungsbereich, besonders bei den Finanzdienstleistungen (Banken/Versicherungen, Börsenumsatzsteuer).

Da ganz offensichtlich der Handel mit Dienstleistungen an Bedeutung für die internationale Wirtschaft zunimmt (Information, Wissen, Verfahrenstechniken, Bank-, Versicherungs-, Werbe- und Marketingleistung), könnte sich das Schwergewicht auf den Warenhandel schneller als kritisch erweisen als den Deutschen lieb ist.

Direktinvestitionen

Denn Gefahren gibt es genug: Gegen den klaren Wettbewerbsvorteil der Schwellenländer in Ostasien in der Kombination von exportorientierter Industrialisierung, zielbewußter Wechselkursgestaltung, massiver Exportförderung auf der einen, extrem niedrigen Arbeitskosten gemessen an vorhandener Qualifikation/Flexibilität auf der anderen Seite scheint auf den ersten Blick kaum ein Kraut gewachsen: Bei einem Industriestundenlohn 1986 in Südkorea von DM 2,50 (Bundesrepublik: DM 17,-) und Personalzusatzkosten von weniger als einer DM (Bundesrepublik: DM 15,-) kann man zunächst nur staunen; eine effektiv jährlich geleistete Arbeitszeit in Hong Kong von 2.350 Stunden (Bundesrepublik: 1.630 Stunden) läßt einen schon reichlich ratlos zurück - vor allem aufgrund der geringeren Kapitalkosten bei längerer Laufzeit der Anlagen (iwd, 9.8.1987). Die häufig anzutreffende Hoffnung auf den Zerfall der konfuzianischen Ethik im Zuge der steigenden Industrialisierung mit all ihren sozialen und wertbezogenen Folgen mutet ein wenig an wie das angstlösende fröhliche Pfeifen im dunklen Keller, vor allem, weil nicht nur die Koreaner die Deutschen und generell die Europäer, sondern die Chinesen, Philippinos, Thais usw. auch die Koreaner unter Wettbewerbsdruck setzen. Also bleibt auch denen nur der Weg, den die Japaner schon beschritten haben: weg von den einfachen Technologien und Produkten hin zu kapitalintensiverer Technologie und gehobenen Produkten

- ein Prozeß, in dessen Verlauf durch die Höherqualifizierung dort zwar auch die Arbeitskosten steigen werden (die gute Nachricht), diese Länder aber auch beschleunigt zu direkten Konkurrenten bei der deutschen Domäne der gehobenen Gebrauchsgüter werden (die schlechte Nachricht), falls nämlich Wettbewerbsnachteile im Standort Bundesrepublik nicht rechtzeitig korrigiert und Schwachstellen wie bei den Dienstleistungen und High-Tech nicht ausgemerzt werden, wenn also die Liebe zum Status quo hier nicht nachhaltig überwunden werden kann.

Aber es ist ja alles gar nicht so schlimm, meinen die Optimisten: schließlich hat die Bundesrepublik ja immer noch einen hohen Leistungsbilanzüberschuß. Leider ist der aber in beträchtlichem Maße aufwertungsbedingt und durch Importverbilligungen entstanden und nur zum Teil noch leistungsbezogen, sagen die Pessimisten. Rein technisch gesehen muß nach der Saldenmechanik der volkswirtschaftlichen Gesamtrechnung einem Leistungsbilanzüberschuß ein Kapitalexport gegenüberstehen - und letztlich heißt dies, daß sich einem beträchtlichen Anteil der inländischen Ersparnis *keine inländischen Anlagemöglichkeiten* mehr bieten. Genau das ist auch geschehen: Im Zeitraum von 1976 bis 1986 gab es Direktinvestitionen von Deutschen im Ausland in Höhe von 94 Mrd. DM und von Ausländern in der Bundesrepublik in Höhe von 39 Mrd. DM, und dieser Trend hält an (iwd, 15.10.1987).

Wandert also das Wachstum aus und keines zu, weil sich die Qualität des Standorts Bundesrepublik so verschlechtert hat, wie der Präsident des Bundesverbandes der Deutschen Industrie meinte? Ohne Zweifel ist die Bundesrepublik Spitze bei den Arbeitskosten, den Unternehmenssteuern, den sozialen Extras, und am Schluß der Liste bei den Arbeitszeiten und den Umsatzrenditen. Betrachtet man aber die Zielländer der deutschen Direktinvestitionen, so stellt man fest, daß unter den zwanzig wichtigsten Zielländern nur vier typische Niedriglohnländer sind (Brasilien, Ägypten, Argentinien, Singapur) und nur fünf Rohstoffländer (Brasilien, Kanada, Australien, Argentinien, Südafrika), wobei die Anteile der Direktinvestitionen in Rohstoffländern im letzten Jahrzehnt deutlich gesunken sind. Im Rahmen der Internationalisierung der Unternehmenspolitik sind 86 Prozent der Direktinvestitionen in westliche, gleichfalls hochentwickelte Industrieländer gegangen (1985) und nur 12 Prozent in Entwicklungsländern erfolgt; Rohstoffsicherung und niedrigere Arbeitskosten reichen also nicht aus, um deutsche Unternehmer anzulocken - ganz im Gegenteil ist die nationale Struktur der deutschen Direktinvestitionen ein Spiegelbild des Warenhandels: Die Direktinvestitionen gehen zu den wichtigsten Kunden der deutschen Exporteure - vor allem natürlich in die USA mit einem Anteil der Direktinvestitions-Bestände von 30 Prozent (1985): Größe und Dynamik, vergleichsweise hohe Nettoumsatzrenditen (im Durchschnitt der Periode 1970/85 4,8 Prozent, damit 2,7 mal so hoch wie in der Bundesrepublik), das innovative Image und der Technologievorsprung in manchen Bereichen waren und sind Grund genug, dort zu investieren - heute vor allem, weil es so vergleichsweise billig geworden ist, aber auch als Versicherungsprämie gegen typisch amerikanische Protektionismuswellen, die von Zeit zu Zeit in der öffentlichen Meinung der USA aufbranden.

Qualitätskontrolle ist Zukunftssicherung

Wandert also das Wachstum aus - vor allem zu den Briten und Amerikanern? Sind die Deutschen wirklich zu teuer, zu lahm, zu satt, zu stur, wie der "STERN" meinte (10.3.1988)?

Daß die Bundesrepublik viele gewichtige *Standortvorteile* aufzuweisen hat, wird von keiner Seite bestritten; eine großartige Infrastruktur, ein hoher Anteil der unternehmerischen Nettoinvestitionen in Forschung und Entwicklung, eine ausgebaute Forschungslandschaft, ein immer noch beispielhaftes System der Berufsbildung und ein gerade im Vergleich zu anderen Ländern sehr kommodes soziales Klima. Ebenso sicher sind aber auch *Standortnachteile*: die Arbeitskosten und ihr Umfeld (Höhe der Löhne, arbeitsrechtliche Anpassungsprobleme, Arbeitszeiten und Inflexibilitäten), Unternehmenssteuern, Energie-/Umweltkosten, regulierte Märkte bei Transport/Verkehr/Dienstleistungen und überbordende Bürokratie verdüstern das Bild doch beträchtlich.

Die Lage ist aber offensichtlich zur Zeit keineswegs ernst, geschweige denn hoffnungslos: Unabhängige "neutrale" Ökonomen wie die des "Europäischen Management Forums" (EMF), Genf, sortieren die Bundesrepublik immerhin noch auf Rang vier einer Skala von 22 Ländern - allerdings mit gehörigem Abstand zu Japan, den USA und der Schweiz. Und in keinem von zehn Kriterien konnte die Bundesrepublik den ersten Platz erreichen - die beste Plazierung war Rang drei bei den Kriterien "Marktdynamik" und "Innovationsorientierung", und selbst bei dem von Deutschen immer hervorgehobenen Kriterium "Stabilität und Konsens" konnte nur Rang acht belegt werden, es sieht also von außen alles immer etwas anders aus (iwd, 21.5. 1987).

Wie sollte also die *Strategie* aussehen, um langfristig den Standort Bundesrepublik Deutschland zu *sichern*? In der Erhaltung des internationalen

Ansehens der deutschen Industrie und ihrer Exportkraft, in der Stärkung von Innovation und Forschungsintensität, in Bewahrung von Qualität, Sicherheit, Lieferpünktlichkeit und exzellenten Serviceleistungen, in der Aufrechterhaltung liberaler Handelspolitik und von Geldwertstabilität und Devisenreichtum. Dies ist die positive Seite, über die durchaus Konsens besteht; kontrovers ist allein, ob aktuelle Defizite überhaupt in signifikantem Maße bestehen und ob sie Anlaß geben für die bewußte Realisierung einer solchen Strategie.

Und wo könnten dann die *Defizite* liegen? Im unbefriedigenden Wachstumstempo, in der rückläufigen Bevölkerungsentwicklung, in der schlechten Arbeitsmarktsituation, in den relativ geringsten Arbeitszeiten bei hohen Fehlzeiten, in hohen Arbeitskosten, vor allem Lohnzusatzkosten, in hoher Abgabenbelastung sowie in niedrigen Renditen und einem Mangel an Risikokapital. Einige dieser Defizite sind im Rahmen der institutionellen Ordnung der Bundesrepublik strategiefähig, andere nicht: was tun gegen rückläufige Bevölkerungsentwicklung? Wie die Macht der Lobby der Arbeitsbesitzenden brechen? Wie die Spendierfreudigkeit der Politiker reduzieren und damit die Abgabenbelastung?

Wenn man sich die *Erfolgsbilanz* staatlichen und kollektiven Handelns in diesem Bereich ansieht, fällt es nicht gerade leicht, überzeugter Optimist zu sein. Die Erfolgsbilanz einer Regierung, die mit den Devisen "Leistung muß sich wieder lohnen", Subventionsabbau und Entbürokratisierung/Dere-gulierung angetreten war, ist doch einigermaßen enttäuschend. Der andauernde Hinweis auf die intakte Wirtschaft und das magische Viereck an der Grenze zur Perfektion blendet typischerweise das Arbeitslosigkeitsproblem aus und verwechselt Ursache und Wirkung. Es ist der aktuell exzellenten Kondition der deutschen Wirtschaft zuzuschreiben, daß immer wieder neue Rekorde realisiert werden, nicht etwa einer dezidierten Wirtschafts- und Strukturpolitik. Politische "Kunstfehler" wie die Tragikomödie um die Quellensteuer werden insbesondere von den kleinen Sparern "am Finanzamt vorbei" nicht so schnell vergessen, und man darf sich nicht wundern, daß solche gravierenden Fehleinschätzungen der Hartnäckigkeit, mit der auch die "kleinen Leute" ihre letzten staatsfreien Bastionen verteidigen, dazu führen können, daß man die Wirtschaftskompentenz einer Regierung gering schätzt, auch wenn alle anderen Indikatoren des Wirtschaftsbarometers ein Hoch anzeigen - und das stellt wirklich etwas Neues dar in der Meinungslandschaft der Bundesrepublik.

Unter diesen Rahmenbedingungen ist das stete Drängen und Bohren der Wirtschaft in Richtung auf Qualitätskontrolle ihres heimischen Standorts nicht nur verständlich, sondern eine absolute Notwendigkeit. Es ist beinahe überflüssig, der Wirtschaft den Rat zu geben, auf Basis hoher Innovationskraft durch neue attraktive Produkte, Problemlösungsmöglichkeiten und rationellere Verfahren neue Nachfrage und neue Märkte aufzubauen und zu erschließen - sie tut es in der Regel schon nach Kräften. Es ist aber immer wieder von neuem wichtig, *durch Kontrolle der Qualität* aller Dimensionen des deutschen Standorts im internationalen Vergleich Schwachstellen frühzeitig zu erkennen, sie zu beseitigen oder - soweit das nicht in der Macht der Wirtschaft selbst liegt - auf Beseitigung zu drängen.

Es ist zu erwarten, daß auch Biedenkopf/Miegel dies nicht sehr anders sehen, wenn sie auch in ihrem jüngst vorgelegten Buch (Investieren in Deutschland, Stuttgart 1989) des Instituts für Wirtschaft und Gesellschaft (IWG) ganz legitim auf einige zweifelhafte Zahlen und schiefe und kurzreichende Argumente hinweisen; selbst wenn sie in ihren Analysen zu einem sehr optimistischen Bild der deutschen Standortqualität kommen, so ist der Tatbestand des Analysierens ja doch nichts anderes als Qualitätskontrolle.

So verstanden ist Qualitätskontrolle des Standorts Bundesrepublik und die aktuelle Diskussion dazu ebenso wichtig und notwendig wie die Diskussion um den Zustand der Umwelt und wie man ihn verbessern kann - *beides ist Zukunftssicherung*. Zukunftssicherung heißt ebenso wie bei der Umwelt auch hier, daß man heute nicht zu Lasten der Zukunft über seine Verhältnisse lebt, also "sozialen Frieden" und Konsens zu jedem Zeitpunkt und zu jedem Preis anstrebt. Das ökologische Ziel der "*Dauerhaftigkeit*" der Ressourcennutzung hat im wirtschaftspolitischen Bereich noch keine adäquate Entsprechung gefunden - und nicht ohne Grund hat Armin Gutowski das Fehlen einer der Marktwirtschaft angemessenen "Theorie des Sozialen" beklagt: Was ist das Ausmaß des Sozialen, das ohne Verlust an Effizienz und Rechtsstaatlichkeit realisiert werden kann? Dem deutschen politischen System liegt es nahe, die Sozialkomponente mit moralphilosophischen Argumenten immer stärker zu betonen als die individuelle Rationalität der "kapitalistischen Wirtschaftsmethode" - mit der immerwährenden Gefahr, der Gesellschafts- und Sozialpolitik selbst die ökonomische Basis zu entziehen.

Es sei noch einmal daran erinnert: *Im Weltmarktmaßstab gibt es keine "soziale" Marktwirtschaft, und: Es gibt kein gerechteres, aber auch kein mitleidloseres System als den Wettbewerb.*

Der Standort Bundesrepublik: Die Sicht Europas

Paolo Cecchini

Einführung: Der Europäische Binnenmarkt als politische Operation

Wenn man in Rechnung stellt, daß der Kurs zum europäischen Binnenmarkt am Graduate College of Europe in Brüssel dreißig Doppelstunden umfaßt und auch die nicht ausreichen, dann dürfte auf der Hand liegen, daß man auch innerhalb eines solchen Beitrags nur punktuell vorgehen kann, also nicht umfassend dazu Stellung nehmen kann, was in Europa und dabei speziell in bezug auf die Bundesrepublik zur Zeit und in näherer Zukunft geschieht. Aus der Fülle dessen, was dazu gesagt werden kann, auszuwählen, ist nicht leicht und die Wahl ist natürlich auch subjektiv; es erscheint aber besonders lohnend, die Zusammenhänge und Beziehungen innerhalb der Elemente des Gesamtprogramms, das da Europäischer Binnenmarkt heißt, genauer zu beleuchten und dabei besonders die Scheinwerfer auf die Bundesrepublik zu richten und zu berichten, was ein Europäer, und nicht zu vergessen ein Italiener, dabei von außen sieht.

Das Problem in Europa wie auch überall auf der Welt ist ja, daß die Wettbewerbsfaktoren eines Landes im allgemeinen nicht singulär zu identifizieren sind, also an spezifischen Parametern festgemacht werden können, sondern sich in Systemen verbinden und in diese aufgehen; Faktoren wie das Lohnniveau, der Qualifikationsstandard der Arbeitskräfte u.ä. wirken systemar in einem gemeinsamen Effekt, so daß es überaus schwierig, wenn nicht unmöglich ist, die singuläre Wirkung eines einzelnen Faktors zu identifizieren und zu isolieren. Dieser Schwierigkeiten eingedenk ist hier nicht beabsichtigt, im Stile eines Arguments wie " das deutsche Lohnniveau ist zu hoch" zu verfahren; es ist eher eine allgemeine Einführung und ein Überblick intendiert, die aber dennoch einige Hinweise darauf geben sollen, wie die Reaktion der deutschen Wirtschaft auf die anstehende Binnenintegration sein wird - und wie die Reaktion auf die Aktivitäten und die performance der deutschen Wirtschaft außerhalb ausfallen wird. Eine wichtiges Thema soll hier aber im wesentlichen und mit der Ausnahme einiger knapper Bemerkungen im folgenden ausgespart werden: das der externen Implikationen des Zugs zur Binnenintegration, des "1992 drive" - nicht, weil es theoretisch so schwierig wäre, denn das ist es keineswegs, sondern weil es in der politischen und ökonomischen Praxis so eminent komplex ist.

Theoretisch jedenfalls sollte man annehmen, daß einer der Gründe dafür, einen Binnenmarkt einführen zu wollen, darin liegt, daß man als Ländergruppe sich in irgendeiner Weise miteinander "verbundener" fühlt als jedes einzelne Mitglied dieser Gruppe mit anderen Drittländern. Diese "relative" Distanz impliziert aber nun nicht notwendigerweise eine dezidiert protektionistische Haltung gegenüber Drittländern oder anderen Ländergruppen: dies wäre ganz im Gegenteil nicht im Interesse der Europäischen Gemeinschaft als größtem Welthandelspartner, und es ist auch keine Mehrheit der EG-Länder auszumachen, die eine protektionistische Haltung favorisieren würde - die Realität ist ein Kompromiß aus pro- und anti-protektionistischen Einstellungen und daher ein mittlerer Protektionsgrad. Das heißt ganz klar gesagt, daß die Gemeinschaft in der Außenwirtschaftspolitik wohl niemals so naiv sein wird, eine radikal anti-protektionistische Politik zu verfolgen, wie es ebenso heißt, daß wohl niemals eine radikal protektionistische Haltung eingenommen werden wird; die effektive Haltung der Gemeinschaft in dieser Frage wird essentiell vom Protektionismusgrad abhängen, der von ihren wesentlichen Handelspartnern realisiert wird. Aus der subjektiven Sicht des Autors könnte die Errichtung des Europäischen Binnenmarkts somit nicht den Beginn einer neuen Protektionismuswelle repräsentieren, sondern ganz im Gegenteil ein Instrument zur Öffnung der Märkte von Gütern und Dienstleistungen in der ganzen Welt bedeuten - dies auch auf dem Hintergrund der ungeheuren wirtschaftlichen Macht, die ein integriertes Europa demnächst darstellen wird.

Zurückkommend auf die primäre Ausrichtung dieses Beitrags ist es wichtig, sich zunächst daran zu erinnern, daß das eigentliche Ziel der Europäischen Gemeinschaft ja nicht ein ökonomisches ist, also "nur" in der Errichtung des Binnenmarktes liegt, sondern daß diese ganze Operation im Kern *politischer Natur* ist. Der Verfasser hatte vor kurzem die Gelegenheit, an einer internationalen Konferenz an der University of California in Berkeley teilzunehmen und hat mit Interesse vermerkt, daß ein hoher Beamter des deutschen Außenministeriums nicht nur den dort versammelten Amerikanern, sondern ebenso den japanischen Teilnehmern gegenüber in sehr klarer Form zum Ausdruck brachte, worum es geht: daß nämlich das ganze Trachten und Walten der EG-Kommission wie auch aller anderen, in dieser Sache aktiven und progressiven Europäer letztlich darauf gerichtet ist, die bi-polare Struktur der Welt in Gestalt der Supermächte USA und UdSSR durch die Errichtung und Stärkung des europäischen Pols hin zu einer multipolaren Struktur zu verändern. Die Welt verändert sich permanent, die Europäer haben aus Erfahrung hinzugelernt und gehen manchmal etwas gewundene Wege - nach dem Scheitern des politischen Ansatzes zur Realisierung der europäischen Einheit in Form einer gemeinsamen Verteidigungspolitik vor vielen Jahren wird nun der Weg über die wirtschaftliche zur politischen Einheit hin beschritten - die Errichtung des Europäischen Binnenmarktes ist also ohne jeden Zweifel eine eminent politische Operation.

Dabei ist die Bewegung hin zum Europäischen Binnenmarkt im Prinzip ja nichts Neues. Sie ist nichts anderes als der bewußt forcierte und zielgeleitete Versuch, *vier Ausdrucksformen der Freiheit* - die Freizügigkeit von Personen, Gütern, Dienstleistungen und Kapital über die Grenzen der Nationalstaaten hinweg - zu institutionalisieren; diese vier Formen der Freiheit waren schon Bestandteil der Römischen Verträge von 1957, aufgrund derer die Europäische Wirtschaftsgemeinschaft errichtet wurde - sie konstituierten eine erste Stufe der politischen Operation in Form des Gemeinsamen Marktes, und dementsprechend sind Gemeinsamer Markt und Europäischer Binnenmarkt im Prinzip dieselbe Sache und dienen denselben Zielen. Die zweite Stufe ist dann die Errichtung einer Wirtschaftsunion - zeitlich aber sehr viel später, jedoch essentiell mit der ersten Stufe verbunden; diese zweite Stufe ist eine absolute Notwendigkeit, denn die Etablierung eines gemeinsamen Wirtschaftsraums ist die notwendige Voraussetzung für eine Wirtschafts- und Währungsunion, die dann wiederum die Realisierung der dritten Stufe in Form der politischen Union erleichtern wird.

Diese Dreistufigkeit des Prozesses zur europäischen Einheit ist das Bild, das man sich gemeinhin in analytischer Sicht vom Ablauf des europäischen Integrationsprozesses macht; offensichtlich führt der Weg zur Integration zur Zeit noch durch allerlei Gestrüpp in Gestalt von Problemen, Hindernissen und Widerständen in Stufe eins, weshalb hier auch das Schwergewicht der Überlegungen liegen soll - nicht zuletzt deshalb, weil die denkbaren Wege zur Realisierung von Stufe zwei noch durch reichlich unbekanntes Terrain führen, von den Wegen zu Stufe drei gänzlich zu schweigen.

Die vier Freiheiten: Voraussetzungen und Implikationen

Was implizieren diese vier Freiheiten nun, was sind die Voraussetzungen ihrer Realisierung? Die Grundvoraussetzung dürfte darin liegen, ein *neues gemeinschaftliches Rechts- und Vorschriftensystem* zu entwickeln, das einen europäischen Rahmen darstellt, in dem Unternehmen und Personen operieren und leben. Ein solches Rechtssystem fällt nicht vom Himmel und ist auch kein völlig neuer Entwurf, aber es unterscheidet sich von den nationalen Rechtssystemen und ist so gesehen auf der einen Seite einer der wichtigsten Ansatzpunkte der europäischen Integration; eine solche Entwicklung bedeutet aber auf der anderen Seite auch eine fundamentale Veränderung für alle beteiligten und betroffenen Aktoren auf allen Ebenen, und dies erklärt zum Teil, warum der momentane Status der europäischen Integration noch der Stufe eins zuzuordnen ist.

Die Europäische Wirtschaftsgemeinschaft erlebte seit ihrer Gründung in den späten fünfziger Jahren einen mächtigen Aufschwung, einerseits durch ihre Erweiterung um andere wichtige west- und südeuropäische Länder, andererseits auch durch den funktionellen Ausbau über die Fusionen mit der "Europäischen Gemeinschaft für Kohle und Stahl" und der "Europäischen Atomgemeinschaft" bedingt, was in die Institutionalisierung der "Europäischen Gemeinschaften" (1967) mündete. Die Gemeinschaft war auch im Sinne ihrer Integrationsaufgaben durchaus erfolgreich: es wurden Binnenzölle und Mengenbeschränkungen im Rahmen der sogar vorzeitigen Realisierung der Zollunion (1968) beseitigt, und es gilt ein gemeinsamer Zolltarif gegenüber Drittländern; Bemühungen um Harmonisierung waren punktuell - wie bei der Einführung der Mehrwertsteuer - ebenfalls von Erfolg gekrönt. Allerdings zeigte es sich auch deutlich, daß das Momentum des Integrationsgedankens nicht ausreichte, die entscheidenden Schritte hin zu einer Wirtschafts- und Währungsunion zu wagen - nationale Eigenwege, man kann auch nationaler Egoismus dazu sagen, blockierten weitere Entwicklungen und führten zu einer allgemeinen Stagnation der Integrationsbemühungen. Wie aber allzu häufig, so entstand aus der Krise auch hier ein neuer Aufschwung: Wirtschaft und Industrie erkannten als erste, daß die Gemeinschaft in diesem Zustand der Integrationsstagnation nicht adäquat in der Lage war, auf sie zukommende Probleme zu meistern wie die Währungskrisen und die ökonomische Krise der siebziger Jahre, daß alle Kräfte gebündelt werden mußten, um Fortschritte in der Integration der Gemeinschaft zu erzielen, wenn man nicht das Risiko eines selbstverschuldeten Bedeutungsverlusts in der Weltwirtschaft, wenn nicht gar der Selbstzerstörung eingehen wollte. Die Europäische Gemeinschaft ist nämlich in gewissem

Sinne einem Fahrrad ähnlich - nur wenn man es in Bewegung hält, bleibt man oben, andernfalls muß man absteigen oder fällt gar. Ein wichtiger Faktor der Bewegung in diesem Sinne ist die Entwicklung des neuen gemeinschaftlichen Rechtssystems, das sich von hergebrachten nationalen Systemen der EG-Mitglieder, aber besonders von denen der Drittländer unterscheidet. Es ist überaus wichtig, diesen Wandel im einzelnen zu erkennen, zu verstehen, welchem Ziel er dient - und bestimmte Elemente dieses Wandels explizit herauszustellen, nicht zuletzt, weil die zur Zeit ablaufenden Vorgänge in den Ländern der Gemeinschaft zum Teil unterschiedlich interpretiert werden.

Bekanntlich ist die Errichtung des Europäischen Binnenmarkts mit einer Unzahl von Gesetzgebungsverfahren verbunden - bis 1992 sollen deren 279 durchgeführt werden -, die nur die Experten noch alle bis in die Details überblicken; um so wichtiger ist es, hier eine Komplexitätsreduktion vorzunehmen und danach zu fragen, in welche Grundrichtungen diese Vorhaben zielen. Aus der Perspektive des Verfassers sind zwei solche Grundrichtungen auszumachen: Zum einen Vorhaben und Instrumente, die Veränderung und Wandel selbst bewirken sollen, und zum anderen solche, die die Stabilität dieses Wandels und damit des Systems insgesamt garantieren sollen.

Der Wandel vollzieht sich im wesentlichen - und das ist eine relativ neue Entwicklung - über *zwei Hauptelemente*: die Elemente der "*gegenseitigen Anerkennung*" und der "*Konvergenz der Gesetzgebung*".

Was impliziert nun der erste Terminus der "*gegenseitigen Anerkennung*"? Grundsätzlich impliziert er zunächst einmal, daß der Begriff des Wettbewerbs nicht nur auf Unternehmen oder Personen bezogen werden darf, sondern auf Systeme, also auch rechtliche Systeme, angewandt werden muß; er impliziert zum zweiten - und das zeigen auch empirische Untersuchungen -, daß die Ziele, welche die Nationalstaaten und deren Regierungen zum Beispiel in der Gesundheits-, Konsumenten-, Arbeitsschutz- oder Umweltpolitik im legitimen Interesse ihrer Staatsbürger verfolgen, im Prinzip in allen Ländern mehr oder weniger gleich sind, wobei sich allerdings die Wege zur Realisierung dieser Ziele, die Instrumente und die Durchsetzungsstile, nicht unwesentlich unterscheiden. Wenn die Ziele aber in den verschiedenen Ländern der Gemeinschaft derart ähnlich sind, warum sollte dann die Gemeinschaft überhaupt ein einheitliches Recht bekommen, insbesondere in Anbetracht des sehr schmerzvollen und konfliktreichen Weges dorthin? Es sollte dann doch wohl ausreichen, nach der Devise zu verfahren: Was gut für Deutschland und die Deutschen ist, ist auch gut für Frankreich und die Franzosen - und umgekehrt. Ohne Zweifel geht dieses Argument ein wenig zu weit - jeder Unternehmer wird attestieren, daß es schon eine grundlegende Konvergenz in der Gesetzgebung zwischen den Ländern geben sollte; ist diese aber gegeben und implementiert, dann kann er ebenso wie seine Konkurrenten aus anderen Ländern frei über die Grenzen, mithin gewissermaßen "grenzenlos" operieren, allerdings unter der Kontrolle seines Heimatlandes, also soweit er die dort geltenden Bestimmungen beachtet und einhält.

In Verbindung mit dem prozeduralen Element der "qualifizierten" Mehrheitsentscheidung in den europäischen Gesetzgebungsorganen ist dieses Element der "gegenseitigen Anerkennung" wahrscheinlich das bedeutendste in dem neuen Ansatz zur Implementierung des Europäischen Binnenmarkts. Es ist aber unbezweifelbar, daß die Realisierung gegenseitiger Anerkennung in vielen Fällen nur über die Gerichtshöfe, speziell den Europäischen Gerichtshof, führen wird - das Reinheitsgebot beim deutschen Bier oder der Pasta-Fall in Italien sind geradezu klassische Beispiele in einer Reihe, die sich voraussichtlich noch wesentlich verlängern wird. Wenn manches dabei auch etwas tragikomisch anmutet, so sollte nicht übersehen werden, daß dadurch auch nationale Emotionen hervorgerufen werden, die sich möglicherweise, wenn auch eher temporär, schädlich für den Integrationsgedanken auswirken könnten. Der Verfasser ist aber zuversichtlich, daß solche Phasen überwunden werden können zugunsten eines ganz einfachen Prinzips: Der Konsument sollte nicht durch Spezialgesetze zu Rezepturen wie bei Bier und Pasta geschützt werden, sondern schlicht und einfach durch seine eigene Fähigkeit, lesen zu können, was auf den Etiketten steht - und da bestehen angesichts der geringen Analphabetenquote in Europa exzellente Voraussetzungen; die Aufgabe der Gemeinschaftsorgane wäre es dann ausschließlich, die Qualität der Etiketten und nicht die Qualität der Produkte zu regeln.

Aber es gibt noch ein zweites Hauptelement des Wandels zu einem Europäischen Binnenmarkt in Gestalt einer grundlegenden "*Konvergenz der Gesetzgebung*", und diese macht es auch notwendig, "gegenseitige Anerkennung" per Gemeinschaftsrecht durchzusetzen. Naturgemäß ist dieses kein sonderlich beliebtes Instrument der Integration und in der Praxis eher second best, da eine Reihe von Konflikten zu lösen ist - die Einigungsprozesse sind schwierig und langwierig, und das trifft sowohl auf wissenschaftliche Experten wie auch spezifische ökonomische Interessen zu. Dennoch sind die Erfolge beachtlich: das Programm ist etwa zur Hälfte abgearbeitet und macht wohl auch weiterhin gute Fortschritte. Wenn aber dann eine integrationsnotwendige Schwelle der Vereinheitlichung erreicht ist - oder eine Wettbewerbssituation, die zu einer de-facto-Vereinheitlichung führt -, dann wird es besonders darum gehen, die Stabilität des so vollzogenen Wandels zu garantieren; hier liegen die Aufgaben der Europäischen Kommission und des Europäischen Gerichtshofs - also durch rechtliche Vorschriften und Verfahren abzusichern, daß das Gemeinschaftsrecht in den einzelnen Ländern implementiert wird, und zu garantieren, daß wettbewerbswidrige Praktiken der Unternehmen oder der einzelnen Regierungen mittels Subventionsvergabe den europäischen Konsumenten nicht der Früchte entreichern, die sie durch den intensiveren Wettbewerb im Binnenmarkt ernten könnten.

Wenn also eine globale Beurteilung des Standes dieser ersten Stufe der Realisierung des "Programms 1992" durchaus positiv ausfällt, dann ist dies im wesentlichen auf die zielgerichteten Entscheidungen der europäischen Regierungen zurückzuführen, die überwiegend von einer sehr positiven Orientierung getragen wurden und die sich häufig, nicht zuletzt aufgrund der Institution der Mehrheitsentscheidung, über Expertenpositionen und etablierte Interessen hinwegsetzen. Aber selbst wenn die Regierungschefs anläßlich der europäischen Gipfel immer wieder beteuern, der Binnenmarkt wäre ein irreversibles Faktum, so gilt dies wohl primär und zuvorderst im wirtschaftlichen Bezug und in den Köpfen der Unternehmer - weitaus weniger aber im rein politischen und gesetzgeberischen Bezug aufgrund einer Reihe sehr ernsthafter *Schwierigkeiten*, die noch überwunden werden müssen.

Ein solches ernstes Problem besteht in der *Harmonisierung der indirekten Besteuerung* innerhalb der Gemeinschaft, wo sich die Verhandlungen erst im Anfangsstadium befinden. Warum ist eine solche Harmonisierung überhaupt notwendig, wird häufig von interessierten Bürgern gefragt? Der Grund liegt eindeutig im Ziel der Realisierung eines Teils der "vier Freiheiten", speziell des freien Verkehrs von Waren und Dienstleistungen über die nationalen Grenzen; das momentane System verlangt Grenzkontrollen, die diesem freien Verkehr zuwiderlaufen und es verhindern, daß sich Verkäufe von Frankfurt nach Paris nicht von solchen von Frankfurt nach München unterscheiden. Dies ist aber das oberste Ziel des "Programms 1992", das unbedingt verwirklicht werden muß, auch wenn der Prozeß dahin noch so schwierig und konfliktreich sein sollte - und die Unternehmen müssen sich darauf einstellen, denn ein Fortfall der Differenzen in der Mehrwertsteuer oder das Verschwinden von spezifischen Kosten, die im Verkehr von Gütern und Diensten von den nationalen Grenzen verursacht wurden, kann auch ihre wettbewerbliche Situation verändern und neue strategische Überlegungen erfordern.

Ein weiteres wichtiges Problem besteht auch dann, wenn prinzipiell und offiziell beteuert wird, die Errichtung des Binnenmarktes wäre ein Binnenproblem der Gemeinschaft und hätte zunächst keine externe Perspektive:

Zumindest eine wichtige Frage hat aber direkt externe Implikationen, und dies ist die Frage einer *gemeinsamen Handelspolitik*, ohne die der Binnenmarkt nicht bestehen kann. Eine solche Handelspolitik der Gemeinschaft ist für fast 90 Prozent aller zollrelevanten Güter schon formuliert, es bestehen aber immer noch diffizile Probleme in Hinblick auf japanische Automobilimporte, auf Textilien und auf strategische Güter der COCOM-Liste, wo die Kontrollen nach wie vor ausschließlich nationalstaatlich erfolgen; letzteres impliziert auch, daß bei einer Reihe von High-Tech-Unternehmen der Binnenhandel innerhalb der Gemeinschaft kontrolliert und behindert wird, was zumindest in gewissem Ausmaß eine Lösung auf der Ebene der Gemeinschaft erforderlich macht, die aber nicht allein auf dieser Ebene zu finden sein wird, da Abstimmungen mit den USA und Japan zu treffen und Kontrollen gemeinsam zu implementieren sind. Die Formulierung der gemeinsamen Handelspolitik in diesen Bereichen ist also kein leichtes Geschäft; die notwendigen Verhandlungen werden den Unternehmen aber wertvolle Signale dafür liefern, wie glaubwürdig das 1992-Programm letztlich ist.

Folgen des Wandels

Nimmt man einmal an, die optimistischen Einschätzungen der europäischen Regierungen träfen zu, daß alles gut voranginge auf dem Weg zum Europäischen Binnenmarkt, was wären dann die *Konsequenzen aller dieser Veränderungen*? Natürlich: Wenn regulatorische und andersgeartete Barrieren fallen, dann hat das auch Auswirkungen auf die Kostensituation der Unternehmen, weil diese Regulierungen ganz offensichtlich eine Kostenlast bedeuten; es kommt hinzu, daß es eine Reihe von Kostenkomponenten gibt, deren Existenz den Unternehmen gar nicht bewußt ist, obwohl sie diese schon längst tragen. Dazu gehört zum Beispiel, daß viele Unternehmen die zusätzlichen Kosten gar nicht beachten, die dadurch entstehen, daß sie, um auf fremden Märkten präsent zu sein, dort Tochtergesellschaften gründen - anstatt auch auf diesen Märkten so operieren zu können wie zu Hause; ein weiteres Beispiel für "verborgene" Kosten mangelnder Integration ist in den zusätzlichen Kosten geringerer Losgrößen des Outputs zu sehen, die sich durch die länderspezifischen Regulierungen innerhalb der Gemeinschaft ergeben und die den Unternehmen sehr häufig nicht bewußt sind, da sie seit alters her nichts anderes gewöhnt sind. Aber jede nationalstaatliche Regulierung ist auch - ob gewollt oder nicht - eine Wettbewerbsbarriere und ein Protektionselement, weil eben in der Regel die nationalen "Geschichten" der

Regulierung unterschiedlich sind; für ein Land wie die Bundesrepublik, wo Regulierungen eine eminente Rolle spielen und auch von den staatlichen Organen ernst genommen werden - ganz im Gegensatz zu Italien, wo Regulierungen zwar existieren, aber nicht allzu häufig auch implementiert und durchgesetzt werden -, können Regulierungen, die zwar nach wie vor existieren, aber durch Vereinheitlichung keine Barrieren mehr darstellen, einen wichtigen Bestandteil für den Wettbewerb - international wie auch national - bilden, also damit auch kein Anwachsen der Konkurrenz von außen verhindern.

Insgesamt gesehen ist anzunehmen, daß der gemeinsame Effekt niedrigerer Kosten und anwachsenden Wettbewerbs zu einem *Angebots-Schock* innerhalb der Gemeinschaft führen wird. Dieser Angebotsschock kann möglicherweise unter gewissen Bedingungen zu höherem Wachstum, geringeren Inflationsraten, niedrigeren Staatsdefiziten und "besseren" Leistungsbilanzsalden führen; im Hinblick auf die Bundesrepublik mag letzteres ein wenig seltsam anmuten, für das Niveau der Gemeinschaft insgesamt ist dieser Effekt aber von Bedeutung, denn er würde eine verbesserte Wettbewerbsfähigkeit der Industrie- und Dienstleistungssektoren der Gemeinschaft insgesamt gegenüber dem "Rest der Welt" anzeigen - und das würde auch mehr Arbeitsplätze bedeuten, denn nach wie vor ist diese nicht ausreichende Zahl von Arbeitsplätzen in Relation zu den Erwerbspersonen die typische europäische Krankheit. Es muß aber betont werden, daß diese denkbaren segensreichen Wirkungen des Europäischen Binnenmarkts eine Möglichkeit sind und keine notwendige Folge. Dieser Aspekt wurde in der Presse und in öffentlichen Stellungnahmen zum Cecchini-Bericht - so genannt nach dem Verfasser als Leiter des gesamten Projekts und nicht, weil er etwa die Mehrheit der 6000 Seiten selbst geschrieben hätte - nur selten so dezidiert herausgestellt, wie den Verfassern des Berichts lieb gewesen wäre, obwohl alle Mühe darauf verwandt wurde, zum Ausdruck zu bringen, daß es sich hier nur um eine Möglichkeit handelt, die auch nur unter bestimmten Bedingungen zur Realität werden kann: Wenn die Unternehmen die Veränderungen korrekt analysieren und die der veränderten Situation adäquaten strategischen Entscheidungen treffen, also angepaßt reagieren - und das setzt auch kollektive und öffentliche Diskussionen auf allen Ebenen voraus. Dieser Prozeß begann in Frankreich und Spanien sehr früh, vor einiger Zeit in Großbritannien und ist jetzt auch in der Bundesrepublik im Gange, während sich in Italien, wenn man von der Unternehmensebene absieht, noch nichts wesentliches tut.

Wenn die Regierungen der Mitgliedsländer der Gemeinschaft ihre Wirtschaftspolitiken, die ja vor allem in dieser Phase starke ordnungspolitische

Züge - Stichwort: Regulierungen - aufweisen müssen, den Zielen des Europäischen Binnenmarkts anpassen, dann besteht eine große Wahrscheinlichkeit für gute Resultate. Diese transitorische Phase ist aber mit Sicherheit für viele Beteiligte schmerzhaft, denn es besteht ein großer Bedarf im Hinblick auf Anpassungsleistungen, die der Staat jeweils mit entsprechenden Politiken akkomodieren, also absichern und forcieren sollte. Solche Anpassungsleistungen werden im besonderen Maße in bezug auf rechtliche Veränderungen notwendig werden, und dies vor allem dann, wenn die rechtlichen Regelungen sehr rigide sind und Veränderungen daher außergewöhnlichen Streß bedeuten. Der gegen exzessive Regulierung gerichtete deregulatorische Ansatz des Europäischen Binnenmarktes - auch wenn er in einem zweistufigen Prozeß zunächst Deregulation auf den nationalen Ebenen und vermutlich dann auch Reregulation zumindest in einigen Bereichen auf Gemeinschaftsebene notwendig macht - impliziert aber keineswegs ein zurückgenommenes Aufgabenprofil des Staates beim Schutz grundlegender Interessen der Bürger, er bedeutet aber sehr wohl eine geringere Unterschiedlichkeit der Wege und Instrumente, die zu diesem Ziel führen sollen; es liegt also auf der Hand, daß Anpassungsprozesse notwendig werden und dies besonders auch im Bereich der Wirtschaft - dort wohl schwergewichtig im Sektor des Verarbeitenden Gewerbes und aufgrund der höheren inhärenten Flexibilität wohl nur in geringerem Maße bei den Dienstleistungen. Deshalb und trotz aller Chancen durch den Europäischen Binnenmarkt gilt auch: Wo Gewinner sind, sind auch Verlierer, und drastischer ausgedrückt: The winner takes it all. Denn die Gesamtnachfrage nach Gütern und Leistungen wird durch den Binnenmarkt zwar voraussichtlich steigen, aber wohl nicht in dem Maße, daß alle zusätzlichen Anstrengungen und Kosten, die durch die Anpassung an den dann größeren Markt entstehen, aufgefangen werden können - Unternehmen, aber auch Mitgliedsländer, die nicht rechtzeitig die korrekten Analysen vornehmen und die richtigen strategischen Entscheidungen treffen, werden unweigerlich auf die Verliererseite im europaweiten Anpassungsprozeß geraten.

Welche *Politiken* sollten die Regierungen der Mitgliedsländer dann verfolgen? Die Frage ist nicht leicht zu beantworten, denn die Antwort hängt wesentlich davon ab, welche Einstellungen die Länder und ihre Regierungen zu diesen Veränderungen und zum Wandel überhaupt haben und wie sie zu den sozialen und politischen Auswirkungen dieses Wandels stehen. In manchen Ländern der Gemeinschaft, so auch in der Bundesrepublik in Form der Tarifautonomie, existieren selbstregulierende Systeme im Bereich der Arbeitgeber-/Arbeitnehmerbeziehungen; falls die Regierungen dieser Länder zwecks Verhinderung oder Linderung von Anpassungsschwierigkeiten in solche Systeme und Prozesse intervenieren, besteht ein großes Risiko, daß diese Eingriffe im Dissenz mit den betroffenen Gruppen geschehen - abgesehen davon, daß dies dann die Verhandlungsprozesse unterbricht und stört, können die Auswirkungen eminent politische Bedeutung, auch für die politischen Systeme in den Ländern, erlangen. In vielen Fällen dürften die anpassungsunterstützenden Politiken eher von indikativem oder persuasivem Charakter sein, und dann sind sie eine natürliche Domäne der Länderregierungen in der Gemeinschaft; handelt es sich aber um Politiken, die Budgetmittel zum Abfedern von Schocks oder zur Entlastung von Anpassungskosten einsetzen, dann können diese Politiken nicht mehr Ländersache sein und müssen zwecks Vermeidung von Wettbewerbsverzerrungen unter die Kontrolle der Gemeinschaft und ihrer Organe. Allerdings sollte der Umfang der Gemeinschaftskontrolle, also auch der Gemeinschaftspolitiken sehr restriktiv gehalten werden: Unter politischen Aspekten und in einer Gemeinschaft, in der die Differenzierungen zwischen den Ländern weit größer sind als unter den sechs Gründungsmitgliedern der EWG, ist es undenkbar, daß die Gemeinschaft und ihre Organe versuchen werden, die Regierungsaktivitäten der Einzelländer zu zentralisieren - dies wäre kontraproduktiv in höchstem Grade, einerseits, weil die Einzelregierungen zumeist darum bemüht sind, Bürgernähe und Bürgerbeteiligung zu verstärken und politische Systeme und Willensbildungsprozesse "nach unten" zu verbreitern, andererseits, weil mit einer solchen Zentralisierung unter diesen Rahmenbedingungen ein weiterer Imageverlust der Europäischen Gemeinschaft und des Europagedankens (Stichwort: Moloch Europa) verbunden wäre; auch - oder vielleicht besser - besonders Europa braucht einen "good will". Das heißt aber ebenso, daß das *Subsidiaritätsprinzip* leitendes Prinzip in den Beziehungen zwischen der Gemeinschaft und den Einzelländern sein sollte - Gemeinschaftshandeln muß immer subsidiär sein in Relation zur Eigenverantwortlichkeit der Länder und ihrer Regierungen, dies aber auf dem Hintergrund zunehmender Kompatibilität der Systeme, was nicht mit der Zerrbild vollständiger Vereinheitlichung verwechselt werden sollte.

Der Binnenmarkt als Teil einer Paketlösung

Während der Diskussion über die Reform der Römischen Verträge wurde schnell klar, daß die Einführung des Europäischen Binnenmarkts keine alleinstehende Aktion bleiben durfte, sondern nur Teil eines größeren und umfassenderen Pakets sein konnte, das in Gestalt der "Einheitlichen Europäischen Akte" geschnürt wurde; wenn es auch keine Frage ist, daß diese Einheitliche Akte eine politische Notwendigkeit und essentiell für eine gleichgewichtige Integrationslösung war, so gilt ebenso, daß auf dieser Grundlage Entscheidungen getroffen werden (müssen), die für eine Reihe von Ländern Gutes und für eine andere Reihe von Ländern Schlechtes im Sinne vergleichsweise höherer Lasten bedeuten.

Ein wichtiges Beispiel für solche *differentiellen Probleme* ist die *Umweltpolitik*: Häufig wird die plausible These vertreten, daß die Umweltpolitik um so umfassener und strenger ist, je reicher die Länder beispielsweise gemessen am Bruttosozialprodukt pro Kopf sind - und wenn das so ist, dann sind solche Länder und deren Regierungen wenig geneigt, im Sinne europäischer Vereinheitlichung ihre hohen Ziele graduell zurückzunehmen; umgekehrt finden sich ebenso Länder mit geringerem Pro-Kopf-Einkommen, bei denen verständlicherweise das Ziel Wachstum weit vor dem Ziel Umweltqualität rangiert. Die Aufgabe, aber auch Schwierigkeit für die umweltpolitisch anspruchsvolleren Länder besteht also darin, weniger anspruchsvolle vom Ernst der Umweltprobleme zu überzeugen und sie politisch zu bewegen, eine strengere Umweltpolitik zu betreiben; natürlich setzt ein Erfolg dann auch ein gewisses Maß an Flexibiltät und vor allem Verständnis und Konzessionen in der Richtung voraus, daß einheitliche Umweltstandards und Regulierungen bei so unterschiedlichem Entwicklungsstand nicht sofort zu haben sind, sondern eben auch unterschiedliche Anpassungsperioden erfordern. Wie komplex die Interessenlagen der Mitgliedsländer im Bereich der Umweltpolitik sind, zeigt sich auch daran, daß nach der "Einheitlichen Europäischen Akte" und dem geänderten EWG-Vertrag für den Handel erschwerende umweltbezogene Produktvorschriften das System der "qualifizierten Mehrheit" gilt, während bei Vereinheitlichung von Emissionsstandards nach wie vor Einstimmigkeit erforderlich ist.

Bezüglich des *technologischen Potentials* sind sich die Experten mehr oder weniger einig, daß die Entwicklung des nächsten Jahrzehnts dem Modell des technology-push folgen wird - und Anpassung bedeutet hier dann hohe Ausgaben für Forschung speziell anwendungsorientierter Art und Aus-/Weiterbildung. Aus- und Weiterbildung ist ohne Zweifel Sache der einzelnen Mitgliedsländer, aber gilt das auch für Forschungsprogramme, vor allem wenn man berücksichtigt, daß sie durch die Unterstützung nationaler "Champions" die größere europäische Perspektive vermissen lassen? Eine Antwort ist hier schwer zu finden, aber sie könnte bei noch ausstehender Einigung in dieser Frage so aussehen, daß die Kommission zunehmenden Einfluß auf die nationale Vergabe von Forschungssubventionen gewinnt.

Ein weiteres Problemfeld besteht in den *regionalpolitischen Bemühungen* der Europäischen Gemeinschaft mit dem Ziel "sozioökonomischer Kohäsion" oder, wie die Verfassung der Bundesrepublik sagt, der "Einheitlichkeit der Lebensverhältnisse". Etwas banaler ausgedrückt geht es um Finanztransfers von den reicheren Regionen der Gemeinschaft zu den ärmeren zwecks Verbesserung der sozialen und ökonomischen Infrastruktur beispielsweise im Bereich öffentlicher Dienstleistungen, der Kommunikation und des Verkehrs. Unter standort- und wettbewerbspolitischer Sicht ist intendiert, daß prinzipiell wettbewerbsfähige Unternehmen in ärmeren Regionen der Gemeinschaft, die sich speziell in Spanien, Portugal, Griechenland und Irland finden lassen, kein wettbewerbliches Handicap dadurch erleiden, daß die vergangene wirtschaftliche Entwicklung ihrer Heimatländer ein ausreichendes Angebot öffentlicher Güter und Dienste nicht zuließ - und die Nutzung solchen öffentlichen Angebots bedeutet ja letztlich eine externe Ersparnis für die Unternehmen; und dieses Argument gilt analog im sozialen Bereich, wo Finanztransfers wesentlich auf die Verbesserung der Aus- und Weiterbildung der Arbeitskräfte in entwicklungsmäßig zurückgebliebenen Regionen zielen.

Das vielleicht schwierigste und brisanteste Problem findet sich im Bereich makroökonomischer Kooperation, also bei *Wirtschafts-, Geld- und Währungspolitik*; Kooperation ist aber unbedingt notwendig, um ein hohes Maß an ökonomischer Stabilität in der Gemeinschaft zu sichern, die es wiederum den Unternehmen erlaubt, ohne unkalkulierbare Instabilitätsrisiken langfristig zu planen und zu investieren. Kooperation ist aber keineswegs schon die zweite Stufe des Integrationsprozesses hin zur politischen Union, also nicht die viel debattierte Wirtschafts- und Währungsunion; auf der anderen Seite ist die Praxis der wirtschafts- und währungspolitischen Kooperation heute durchaus ermutigend, wenn sie auch stetig weiter verbessert werden sollte, um die Position und Glaubwürdigkeit der Gemeinschaft als ökonomische Einheit zukünftig zu festigen - nicht zuletzt, um arbeitsplatzsichernde und -vermehrende Investitionen hier zu induzieren oder zu attrahieren.

Alle diese zuvor diskutierten Themen besitzen in den Mitgliedsländern unterschiedliches Gewicht, und dies ist auch ganz normal aufgrund differierender privater und öffentlicher Bedürfnisse; Kompromisse sind also gefragt, und wenn man als einzelnes Mitgliedsland nicht bereit ist, in Feldern von länderspezifisch geringerer Bedeutung solche einzugehen, dann kann man auch nicht erwarten, daß man dort seine Interessen durchsetzen kann, wo sie am größten sind. Das ist aber genau das, was zur Zeit geschieht und was die Verhandlungen so kompliziert und teilweise auch frustrierend macht: Jedes Mitgliedsland kennt seine Interessen genau, aber es ist sehr schwierig, auch die Interessen anderer Länder über *offenbarte Kompromißbereitschaft* zu akzeptieren. Ob und wie solche Kompromißblockaden überwunden werden können, ist schwierig zu sagen; je näher aber das ominöse Datum 1992 heranrückt, um so klarer wird es werden, daß entweder eine Lösung für das Gesamtpaket europäischer Wirtschaftsintegration gefunden wird - oder aber die Paketlösung wird sich nicht realisieren lassen, weil bei dem schwierigsten Problem, der Errichtung des Binnenmarktes, adäquate Lösungen, und das heißt Kompromißlösungen, nicht gefunden werden können.

Einschätzung des Binnenmarktes durch die Wirtschaft

Wie ist nun die Einschätzung des Binnenmarktes, speziell in der Bundesrepublik? Grundsätzlich ist die *Sichtweise der Wirtschaft in der Gemeinschaft* durchaus optimistisch, wie sich in einer empirischen Umfrage unter 20.000 Unternehmen des Verarbeitenden Gewerbes - mit 11.000 verwertbaren Antworten - zeigte: Die Mehrzahl der Unternehmen erwartet eine Kostenreduzierung und eine Ausweitung des Umsatzes in erheblicher Größenordnung, und generell ist die Mehrheit der Überzeugung, daß die Errichtung des Europäischen Binnenmarktes mit mehr Chancen als Risiken verbunden ist. Aber gleichzeitig und auf dem Hintergrund optimistischer Einstellung zeigte sich doch - und das wird auch durch die gegenwärtige Tätigkeit des Verfassers als Unternehmens-Consultant bestätigt -, daß es in jeder Beziehung ein hohes Maß an *Unsicherheit* gibt: Unsicherheit bezüglich der Modalitäten rechtlicher Veränderungen, Planungsunsicherheiten speziell in der Verarbeitenden Industrie, die im besonderen auf lange Planungsfristen angewiesen ist, und Unsicherheiten bezüglich des Verhaltens neuer Wettbewerber und der zu erwartenden Stärke des Wettbewerbsdrucks, falls die Barrieren in Europa fallen werden.

Natürlich ist man in gewissem Maße abgesichert und hat Tochterfirmen in diversen Ländern gegründet; natürlich gibt es etablierte Kontakte zu anderen Firmen in Europa und der Welt - aber dennoch gibt es "gelernte" nationale Verhaltensstile, und man kann nicht sicher sein, wie sich die neuen Wettbewerber aus anderen Ländern in den eigenen angestammten Märkten wirklich verhalten; natürlich müssen die neuen Wettbewerber ihre eigenen Netzwerke aufbauen oder bestehende Netzwerke aufkaufen - aber selbst dann, wenn neue Netzwerke nicht so effizient sein sollten wie existierende, so ist dies doch mit steigender Konkurrenz verbunden. Natürlich werden Unternehmen auf den Plan treten, die neue oder andere Produkte anbieten oder gar mit niedrigeren Preisen operieren - aber selbst dann, wenn sie sich anfänglich nur einen geringen Teil des Marktes sichern können, so verändert sich die Wettbewerbssituation dennoch.

Dies alles bedeutet Unsicherheit - und führt zu exzessiven Anstrengungen, Unsicherheit durch Firmenübernahmen und Fusionen zu reduzieren, eben die Möglichkeit eines gesteigerten Wettbewerbs durch Akquisitionen aller Art zu verringern oder auszuschließen. Ob diese exzessiven Bemühungen der Unsicherheitsreduzierung wirklich lohnen, steht nicht nur nach Ansicht des Verfassers sehr in Frage: eine neue Untersuchung aus den USA zeigt beispielsweise, daß nur ein Drittel solcher Fusionen und Übernahmen wirklich erfolgreich waren; eine andere jüngst vorgelegte Untersuchung der London School of Economics weist nach, daß Übernahmen und Fusionen selten wirklich durchdacht sind und zu Anpassungsprozessen der Produkt- und Dienstleistungsstruktur in den Unternehmen führen - mehrheitlich dienen solche Prozesse dem schlichten Ziel, Eigentum oder zumindest Kontrolle der Unternehmen zu erlangen, ohne die Angebotsstrukturen zu verändern.

Jedenfalls aber zwingt dieses Unsicherheitsphänomen, sich über neue Strategien Gedanken zu machen - und das ist wohl auch nötig und zwar nicht nur bis zum ominösen Datum von 1992; der Anpassungsprozeß wird die ganze letzte Dekade dieses Jahrhunderts in Anspruch nehmen und wahrscheinlich auch den Beginn des nächsten Jahrtausends - die Volkswirtschaften und das Verhalten der Aktoren werden sich vermutlich nicht in dramatischen Umbrüchen verändern, sondern eher inkremental, nichtsdestoweniger aber wird das Bild Europas in zehn bis fünfzehn Jahren wesentlich anders aussehen als heute.

Wie sind nun die Einschätzungen der weiteren Entwicklungen im einzelnen - wie sieht die Verarbeitende Industrie die Herausforderungen des Europäischen Binnenmarkts? Natürlich sieht sie die Möglichkeit steigenden Wettbewerbs bei den Preisen ebenso wie bei anderen Wettbewerbsparametern; jedoch überwiegt die optimistische Haltung, daß es bei konstanten Qualitäten von Produkten und Dienstleistungen durchaus Möglichkeiten für Preiswettbewerb gibt, insbesondere dann, wenn existierende Engpässe beseitigt werden - und daß dieser steigende Wettbewerb den Konsumenten nur nützen kann, liegt auf der Hand.

Wie sieht dies nun die *deutsche Industrie* im Vergleich zum "Rest von Europa"? Empirische Daten auf der Basis einer Untersuchung von 11.000 europäischen Unternehmen zeigen, daß in Europa generell Optimismus überwiegt, also die Chancen durch den Binnenmarkt sehr viel oder einiges höher eingeschätzt werden als die Risiken; nur 5% der Unternehmen äußern sich dezidiert pessimistisch. Man stellt aber in bezug auf die deutsche Industrie ein eigenartiges und vom europäischen Durchschnitt abweichendes Muster fest: Während sich bei den Antwortquoten derer, die nicht sonderlich optimistisch bezüglich der Wirkung des Binnenmarktes auf ihr Unternehmen sind, die deutschen Zahlen nicht wesentlich von den europäischen unterscheiden, so gilt dies nicht bei den sehr optimistischen Einschätzungen - die deutschen Daten liegen hier *signifikant niedriger* als bei der Grundgesamtheit aller europäischen Unternehmen. Hier zeigt sich also eine bedeutsame Abweichung in der Einschätzung des Binnenmarkts; deutsche Unternehmen sind weitaus zurückhaltender in der positiven Beurteilung und weitaus weniger optimistisch als die Gesamtheit der europäischen Unternehmen, und berücksichtigt man zusätzlich, daß die deutschen Unternehmen insgesamt mit einem Gewicht von etwa einem Viertel in das europäische Gesamtaggregat eingehen, dann spreizen sich diese Differenzen zwischen der Bundesrepublik und dem "Rest von Europa" um so stärker. Diese Unterschiede in der Beurteilung sind weniger stark ausgeprägt bei den Großunternehmen, treten aber um so stärker hervor, je kleiner die Unternehmen sind - ein niedrigeres Optimismus-Niveau als in Rest-Europa ist bei den deutschen Unternehmen kleinerer und mittlerer Größe ein sehr ausgeprägtes Phänomen. Es kommt hinzu, daß sich dieser generelle Zug auch in den anderen Daten der Untersuchung als sehr valide herausstellt und erstaunlicherweise auch dort, wo die deutsche Industrie die komparativ stärkste Stellung hat wie beispielsweise im Investitionsgütersektor mit einem Anteil von dreißig Prozent aller in Europa produzierten Maschinen und Anlagen.

Einige abschließende Interpretationen

Es ist ein schwieriges Unterfangen, dieses abweichende Muster korrekt zu interpretieren. Vielleicht ist es auf einen *Niveaueffekt* zurückzuführen: Es ist immerhin denkbar, daß der offensichtliche Mangel an Optimismus in der deutschen Unternehmerschaft der Verarbeitenden Industrie eine Funktion der schon erreichten Spitzenstellung in Europa ist, daß also kaum erwartet wird, diese Position wäre im Verlauf der Errichtung des Binnenmarkts noch um einiges oder wesentlich zu verbessern. Vielleicht aber sind hier auch tiefere *psychologische Aspekte* berührt, die mit der nationalen Eigenart des "Selbstzweifels" verbunden sind: Der Mangel an geäußertem Optimismus könnte eine Reflektion dessen sein, wie die deutschen Unternehmer meinen, als Partner in Europa und anderswo perzipiert zu werden - nämlich als Teil eines extrem festgefügten und überregulierten, um nicht zu sagen petrifizierten Systems, was dann implizieren würde, daß das Aufbrechen dieses Systems durch die Binnenmarkt-Initiativen für die Deutschen besonders schmerzhaft wäre, und begründen könnte, daß es ihnen möglicherweise in der Zukunft nicht mehr so gut oder zumindest in den Zuwächsen nicht so gut gehen würde wie anderen Europäern.

Natürlich ist besonders letzteres nur eine Hypothese - aber eine begründete Hypothese, die sich aus unzähligen Erfahrungen und Gesprächen in der Gemeinschaft, der Europäischen Kommission, mit Journalisten aus Europa und dem Rest der Welt und mit verantwortlichen Politikern, die den herausragenden deutschen Beitrag zur Entwicklung der Gemeinschaft sehr wohl schätzen und zu würdigen wissen, genährt hat. Bei allen objektiv auf die deutsche Wirtschaft zukommenden Schwierigkeiten, die mit der Auflösung der Überregulierung verbunden sein werden, schwingt untergründig in vielen Statements wohl auch ein gewisser Neidkomplex mit, dennoch aber lassen sich einige Aspekte sehr genau festmachen, wie die Bundesrepublik und die *deutsche Wirtschaft von außen gesehen* werden.

Ein *erster* solcher Aspekt bezieht sich auf das *Budget der Europäischen Gemeinschaften* und, im Verhältnis dazu, die Rolle des *deutschen Leistungsbilanzüberschusses*. Viele Beobachter meinen, letzterer wäre gewissermaßen "natürlich" und in das europäische System eingebaut; bei den nicht-preislichen Wettbewerbsfaktoren, die häufig auch in Struktur und Psyche angelegt sind, hat die deutsche Wirtschaft zweifellos unschlagbare Vorzüge - die technologische Basis und Kapazität, die Qualität der Produkte, die deutsche Lieferpünktlichkeit sind nur einige Facetten eines Gesamtbildes, das hoch mit den horrenden deutschen Überschüssen korreliert. Diese Vorzüge sind im Wettbewerb nur schwer zu schlagen bis unschlagbar, sie wirken sich aber nach Meinung vieler europäischer Beobachter letztlich in Menschen in anderen europäischen Ländern aus, die dann nicht mehr konkurrieren können; steigende Arbeitslosigkeit in diesen Ländern ist zu einem gewissen Teil dann auch eine Form von "Export-Arbeitslosigkeit" deutscher Provenienz. Zugleich transferieren diese durch "Export-Arbeitslosigkeit" getroffenen Menschen und Länder Einkommen in die Bundesrepublik zur Finanzierung des Überschusses, das dann wieder vom deutschen Staat besteuert wird; letzteres ist ganz legitim und normal, es muß dann aber ebenso legitim und normal sein, daß ein Teil dieser Steuereinnahmen wieder in das Budget der Europäischen Gemeinschaft zurückfließt, um Ausgleichsoperationen zu finanzieren - dies findet sich in Form des Länderfinanzausgleichs in der Bundesrepublik ebenso und ist auch Teil des Konzepts der "sozialen Marktwirtschaft" in einer internationalen Interpretation: Der Begriff der "Gemeinschaft" beinhaltet neben einer Effizienzkomponente, der optimalen Allokation der Ressourcen, eben als konstituierendes Element auch eine Distributionskomponente, ohne die eine "faire" Gemeinschaft nicht sein könnte. Diese Sichtweise repräsentiert im Kern das, was viele europäische Beobachter von diesem Problem denken, sie ist aber kein grundlegendes Element Brüsseler Politik.

Ein *zweiter* Aspekt berührt Fragen des *deutschen Systems* und der dort geltenden "standing procedures": aus europäischer Sicht ist der hohe Grad der Abstimmung zwischen dem Staat und der privaten Wirtschaft, nicht zu vergessen auch den Gewerkschaften, beinahe singulär in Europa; von außen wird dieses System als sehr effizient und überaus gefestigt angesehen, ganz davon abgesehen, daß es für Außenstehende nicht einfach nachzuvollziehen ist, geschweige denn von außen durchdrungen und instrumentalisiert werden kann. Zur Zeit gibt es zum Beispiel einige Aufregung in anderen Ländern Europas, weil es dort ohne weiteres möglich ist, Unternehmen einer durchaus gewissen Bedeutung und Größe aufzukaufen oder zu übernehmen, dies aber in der Bundesrepublik sehr schwierig ist - nicht, weil dies etwa gesetzmäßig verboten wäre, sondern weil das Kapital hier von ausgewählten, und man muß attestieren, guten Händen kontrolliert wird.

Auch der dritte Aspekt enthält Bewunderung und Kritik zu gleichen Teilen: Viele Europäer sehen sehr deutlich, daß die deutschen Regierungen ihr Geschäft außerordentlich gut verstehen - zumindest was den Tatbestand der "*Subventionsverschleierung*" betrifft. Die deutschen Regierungen - Bund und Länder - sind nämlich ausgesprochen findig und kreativ darin, sich gewisse Elemente der Europäischen Verträge, die sich auf die Kontrolle von regionalpolitischer und technologiepolitischer Subventionierung beziehen, zunutze zu machen und transferieren beträchtliche Teile der Budgets zum Frommen von Regionen und Sektoren, wenn nicht gar Einzelunternehmen - während weniger geschickte Regierungen bei solchen Versuchen eine Menge Ärger mit der EG-Kommission bekommen. Natürlich ist dies in gewisser Weise auch als Kompliment zu verstehen, es bleibt aber dennoch in der Essenz ein Faktor der Wettbewerbsverzerrung übrig, was auch die Brüsseler Kommission so sieht: Nachdem zum Beispiel einige solcher staatlichen Interventionen, sprich: Subventionen, im Automobilsektor zunächst akzeptiert worden waren, kam die Kommission zu der Auffassung, daß aus einer selektiven Anwendung der Europäischen Verträge gewichtige Elemente von Wettbewerbsverzerrung resultierten, und hat daher beschlossen, alle staatlichen Interventionen im Automobilsektor, seien sie regional- oder forschungspolitisch motiviert, unter ihre Kontrolle zu bringen.

Natürlich müssen am Ende aller Ausführungen zu einem solchen Thema einige Anmerkungen zu *zweiten Stufe* des Europa-Projekts, der *Wirtschafts- und Währungsunion*, stehen - so auch hier; Stufe drei, die politische Union, sollte man nicht nur an dieser Stelle, weil sich in der Beschränkung bekanntlich der Meister zeigt, herauslassen, sondern schlicht aufgrund der pragmatischen Erfordernis, den dritten Schritt nie vor dem zweiten zu tun. Stufe zwei jedenfalls existiert bislang im wesentlichen in Form unterschiedlicher Skizzen und Szenarien, eine teilweise sehr harsche Diskussion ist ausgebrochen, aber eine gemeinsame und gemeinschaftliche Analyse und Bewertung steht noch aus - trotz oder, manche sagen auch, wegen der besonderen Bemühungen des Präsidenten der EG-Kommission. Eines jedenfalls steht unumstößlich fest: es gibt drei Dinge, die man in der Gemeinschaft nicht gemeinsam haben kann - Freiheit der Kapitalbewegungen, die man per Beschlußlage auch haben will; Stabilität der Wechselkurse, die man versucht zu erreichen, und gleichzeitig aber unabhängige Wirtschaftspolitiken der Zwölf. Diese drei Elemente sind inkompatibel in dem Sinne, daß auf ein Element verzichtet werden muß, will man die anderen beiden haben - und genau darum geht es auch in der großen Diskussion über Stufe zwei zur Zeit, wobei sich holzschnittartig gesehen das deutsche Modell und andere denkbare Modelle gegenüberstehen. Dabei liegt es auf der Hand, daß das Ziel der monetären oder Geldwert-Stabilität, das in dieser Diskussion über die Wirtschafts- und Währungsunion eine grundlegende Rolle spielt und den Pfeiler des deutschen Modells darstellt, sehr wohl graduell zugunsten des Ziels eines höheren Wachstums zurückgenommen werden könnte, und nicht nur Politiker aus anderen europäischen Ländern, sondern auch Wirtschaftswissenschaftler gehen davon aus, daß das deutsche Modell einen exzessiv deflationären bias aufweisen könnte und würde, insbesondere aufgrund der Exportüberschuß-Situation hier. Wenn nämlich das Bevölkerungswachstum in der Bundesrepublik niedriger ist als in anderen und den meisten Ländern der Gemeinschaft, und gleichzeitig der neo-merkantilistische Zug der deutschen Wirtschaftspolitik andauert, dann wäre dies unakzeptabel für den Rest der Gemeinschaft, da es langfristig Probleme für diese Länder und wahrscheinlich auch für die Bundesrepublik selbst mit sich bringen würde.

Selbstverständlich ist heute überall in Europa als wirtschaftpolitischer Grundsatz akzeptiert, daß Inflation, also der Gegensatz zu monetärer Stabilität, keine sinnvolle und gangbare Option ist, denn Inflation macht alle ärmer - aber: Ist es vielleicht nicht doch möglich, Geldwertstabilität und

Wachstum zugleich in der Gemeinschaft zu realisieren? Der Verfasser ist da gar nicht so pessimistisch: Die starken anti-inflationären Impulse der Stufe eins in der Errichtung des Europäischen Binnenmarktes bieten einen beträchtlichen Freiraum, die Forderungen nach monetärer Stabilität und höherem Wachstum miteinander zu versöhnen - zum Nutzen der Millionen von Arbeitslosen und zugunsten eines besseren Europa.

Die Bundesrepublik im internationalen Wettbewerb: Thesen und Erkenntnisse der Wirtschaftswissenschaft

Hans-Karl Schneider

Einige Vorbemerkungen

Kaum ein Thema ist in der letzten Zeit so strittig diskutiert worden wie das der internationalen Wettbewerbsfähigkeit der deutschen Volkswirtschaft - dies allerdings in höchst unterschiedlicher intellektueller Qualität und unter höchst unterschiedlichen ideologischen Vorausurteilen.

Man kann es sich ganz einfach machen, indem man *Überschüsse in der Leistungsbilanz* zum Zeugen der unangefochtenen Stellung auf dem Weltmarkt macht, also zum Indikator der Stärke der deutschen Volkswirtschaft. Richtig daran ist, daß die Bundesrepublik praktisch seit ihrem Bestehen, genauer: seit der Zeit des Korea-Krieges, Außenhandelsüberschüsse zu verzeichnen hatte, die sich auch in relativ hohen Leistungsbilanzüberschüssen niedergeschlagen haben, denn bekanntlich ist die Leistungsbilanz die Summe der Handels-, Dienstleistungs- und Übertragungsbilanzen; allein nach der zweiten Ölkrise ist es in den Jahren 1979 bis 1981 zu einem vorübergehenden Leistungsbilanzdefizit gekommen.

Diese Sichtweise war früher einmal gang und gäbe, es wäre aber aufgrund der heutigen Kenntnislage falsch, den Leistungsbilanzüberschuß als alleinigen Indikator für die internationale Wettbewerbsfähigkeit heranzuziehen, denn er geht auf viele Einflußfaktoren zurück; zudem ist er in etwa ein Spiegelbild des Nettokapitalexports der Volkswirtschaft, und diese Seite der Medaille ist jeweils mit zu betrachten, wenn man ein Urteil darüber fällen will, wo die eigene Volkswirtschaft im internationalen Wettbewerb steht.

Der Stand der heutigen Fachdiskussion konzentriert sich eher darauf, wie die eigene Volkswirtschaft vergleichsweise bei der *Erfüllung ihrer eigenen Ziele* steht oder vorankommt, ohne dabei in außenwirtschaftliche Schwierigkeiten zu geraten. Als Kriterien werden also Wachstums-, Beschäftigungs- und Geldwertstabilitätsziele herangezogen, wobei man simultan beobachtet, ob und inwieweit die Realisierung der jeweiligen Zielerfüllungsgrade mit einer Verschlechterung oder Verbesserung der außenwirtschaftlichen Position einhergegangen ist.

Ein mehrdimensionales Leistungsprofil

Diese Entwicklung in der Diskussion um die internationale Wettbewerbsfähigkeit - von der Mono- zur Mehrdimensionalität der Kriterien und Indikatoren - ist schlüssig und konsequent; nur eine solche Mehrdimensionalität sichert die adäquate Verortung eines Landes im internationalen Wettbewerb, und einer dieser Indikatoren ist die Erfüllung binnenwirtschaftlicher Ziele.

Betrachtet man unter diesem Blickwinkel die Situation der Bundesrepublik im Vergleich zu den direkten Konkurrenten, also den Ländern etwa gleichen Entwicklungsstands in Gestalt der USA, Japans, Frankreichs, Großbritanniens und Italiens und beschränkt sich im wesentlichen auf die Entwicklung in den achtziger Jahren - was man durchaus kann, da sich durch die Erweiterung der Betrachtung auf die siebziger Jahre an der Aussage nichts Entscheidendes ändern würde -, dann muß man konstatieren, daß die Bundesrepublik bezüglich des *Wachstumsziels* vergleichsweise schlecht abgeschnitten hat; die anderen Länder haben bessere und zum Teil auch deutlich bessere Ergebnisse zu verzeichnen, wenn man einmal von Frankreich absieht, das unter einer sozialistischen Experimentierphase zu leiden hatte. Diese Aussage gilt ebenso für das *Beschäftigungsziel*: Der Beschäftigungseinbruch der Jahre 1981/82 und zum Teil noch 1983 konnte durch die erfreuliche Entwicklung der Arbeitsplätze ab Ende 1983 bei weitem nicht ausgeglichen werden, so daß ein Rückstand zu den anderen Ländern nach wie vor besteht. Zieht man ergänzend ein Wohlstandsmaß wie das *Bruttoinlandsprodukt pro Kopf* der Bevölkerung heran, das allerdings nicht ohne weiteres als Indikator der internationalen Konkurrenzfähigkeit gelten kann, dann ist die Position der Bundesrepublik weit weniger schlecht, aber auch hier schneiden andere Länder deutlich besser ab.

Mithin gilt als erstes Zwischenfazit: Offensichtlich hat die Bundesrepublik in den achtziger Jahren, was die Erfüllung dieser binnenwirtschaftlichen Ziele betrifft und dabei besonders das Beschäftigungsziel, nicht mit den anderen Industrieländern gleichen Entwicklungsstandes Schritt halten können; schließt man die siebziger Jahre in die Betrachtung ein, so modifiziert sich das Bild ein wenig: dann liegt die Bundesrepublik in einer Mittelgruppe, aber eben - und das sei betont - auch nicht in der Spitzengruppe.

Wie steht es aber nun mit der *Produktivitätsentwicklung* im internationalen Vergleich, natürlich getrennt analysiert für das Verarbeitende Gewerbe und den Dienstleistungsbereich?

Für das Verarbeitende Gewerbe kann man feststellen, daß die Zunahme der Arbeitsproduktivität in den achtziger Jahren in der Bundesrepublik deutlich geringer ausfiel als in den Vergleichsländern, Frankreich abermals ausgenommen; die Bundesrepublik hatte in der gleichen Periode im Verarbeitenden Gewerbe einen Rückgang der Beschäftigung zu verzeichnen, der in etwa dem der USA entspricht - Frankreich und Großbritannien haben hier weit schlechtere Zahlen aufzuweisen. Bemerkenswert ist aber, daß die USA bei vergleichbarem Rückgang der Beschäftigung im Mittel einen etwa doppelt so starken Anstieg der Arbeitsproduktivität erzielen konnten; dies ist in doppeltem Sinne bemerkenswert, erinnert man sich doch noch deutlich an die beinahe hysterischen Diskussionen in den USA über die Ursachen des productivity slump in den siebziger Jahren, vor allem aber im Industriebereich - offensichtlich ist dort eine Veränderung der Rahmenbedingungen zu verzeichnen gewesen. Den Dienstleistungsbereich gemeinsam zu betrachten, ist immer eine etwas heikle Angelegenheit, ist dieser Bereich doch von einer besonderen Heterogenität - von der expansivsten Branche der Gebäudereiniger über Banken und Versicherungen bis hin zu McDonald's; tut man dies aber, dann kann man feststellen, daß in der Bundesrepublik ein auch international starker Anstieg der Arbeitsproduktivität zu verzeichnen ist, allerdings ist der Beschäftigungsgewinn vergleichsweise mit Abstand der geringste. Ein Grund für diese relativ geringere Beschäftigungsentwicklung im Dienstleistungsbereich wird neben anderen in einem spezifischen Übermaß an staatlich-bürokratischer Regulierung gesehen, wie überhaupt die Bundesrepublik im internationalen Vergleich der Regulierungsdichte als Eldorado aller Regulierer und Jammertal aller Betroffenen gesehen werden muß, was dann auch oftmals als Hauptargument für die insgesamt relativ schwache Beschäftigungsentwicklung herangezogen wird.

Entscheidend für ein Land wie die Bundesrepublik ist es aber, wie seine Position innerhalb der *Güterwelt* ist, insbesondere aber bei den *Technologiegütern.* Hinzuweisen ist hier insbesondere auf die *Strukturberichterstat-*

tung der Wirtschaftsforschungsinstitute im Auftrag des Bundeswirtschaftsministeriums: Die Institute haben sich sehr ausführlich mit der Frage beschäftigt, wie die Bundesrepublik im High-Tech-Bereich im Vergleich zu anderen Ländern abschneidet - dies sowohl vom Gütervolumen her wie auch von den Ausfuhr-/Einfuhrrelationen her gesehen, den sogenannten "revealed comparative advantages" (RCA). Ganz eindeutig muß hier festgehalten werden, daß die Bundesrepublik schlecht abschneidet - vor allem im Vergleich zu den USA und Japan - und nur ein wenig besser dasteht als Großbritannien: Liegt der Anteil von High-Tech-Gütern am deutschen Export bei etwas über vier Prozent und der Importanteil bei etwas über sechs Prozent, dann ist dies unbezweifelbar ein negativer Saldo, wenn auch natürlich absolut genommen immer noch Außenhandelsüberschüsse erzielt werden - und es ist hinzuzufügen, daß sich die RCA-Werte seit dem Ende der siebziger Jahre überall im High-Tech-Bereich mit Ausnahme von Feinmechanik/Optik (Konstanz) verschlechtert haben.

Zwangsläufig stellt sich die Frage, ob diese Entwicklung eindeutig negativ zu beurteilen ist: Auf den ersten Blick ist das sicher so zu sehen, und die Warner in der öffentlichen Diskussion haben ein gutes Argument auf ihrer Seite. Es gibt aber noch ein zweites Argument, das niemals unterschlagen werden sollte: Die Wirtschaft der Bundesrepublik hat aufgrund des herausragenden Ausbildungssystems und Ausbildungsstandes der Beschäftigten, vor allem der Ingenieure und Facharbeiter, die im internationalen Vergleich bemerkenswert große Fähigkeit entwickelt, neue Technologien und Lösungen in bestehende Produkte und Verfahren zu inkorporieren. Ein Paradebeispiel hierfür ist der deutsche Maschinenbau - vor zehn bis fünfzehn Jahren noch entwickelte man Maschinen und Anlagen entlang gewohnter, traditioneller technischer Entwürfe. Heute haben moderne Steuerungselemente und die Elektronik überall Einzug gehalten, und der Maschinenbau nimmt mit über zwanzig Prozent Anteil am Weltmarkt nach wie vor den ersten Platz ein; man war also bereit, mehr: war dazu gezwungen, aber hatte auch die Fähigkeit dazu, High-Tech - in Japan, den USA oder wo auch immer entwickelt - in bestehende technologische Traditionen zu inkorporieren bzw. durch deren Anstoßwirkung neue Linien zu entwerfen und so die Weltmarktgeltung des deutschen Maschinenbaus zu erhalten. Dies gilt auch für zahlreiche andere Bereiche der deutschen Industrie wie zum Beispiel der Automobilbau. Es ist also gerade die *hohe Absorptionsfähigkeit für technische Neuerungen* und die Inkorporierung in bestehende und Entwicklung neuer Systeme und Systemlösungen auf Basis traditioneller Linien, welche die Wirtschaft der Bundesrepublik im besonderen auszeichnen - und dies hängt eben außerordentlich eng mit der hohen Qualität des Arbeitsfaktors in der Bundesrepublik zusammen. Dieses Faktum ist aus Statistiken nicht direkt herauszulesen, aber in der großen Palette deutscher Produkte breit verteilt und beinahe ubiquitär. Welches der beiden Argumente - das negative in Form der Bundesrepublik als Nettoimporteur von Hochtechnologie, das positive im Hinblick auf die hohe Absorptionsfähigkeit technischer Neuerungen - mehr zählt, ist nicht primär eine Geschmacksfrage, sondern auch eine Frage des Anspruchsniveaus einer großen Industrienation: Ein Land an der Spitze der industriellen Entwicklung sollte sich schon auch im High-Tech-Bereich stärker präsentieren; ist dieses Anspruchsniveau geringer entwickelt, so mag man es schon als Positivum werten, daß die Qualität des "make the best of it" hier besonders gut entwickelt zu sein scheint.

Auch der *Sachverständigenrat zur Begutachtung der gesamtwirtschaftlichen Entwicklung* hat sich jüngst mit der Frage der Beteiligung und Position der Bundesrepublik im High-Tech-Bereich beschäftigt, besonders aber im Hinblick auf die sogenannten Schwellenländer in Fernost wie Südkorea, Taiwan etc., die ja gerade dabei sind, in einem breiteren Bereich technologieintensiver Güter Marktanteile auf dem Weltmarkt zu erobern. Gegenüber diesen Ländern ist festzuhalten, daß die Position der Bundesrepublik nach wie vor sehr stark ist - sie rangiert gleich hinter Japan und mit deutlichem Abstand zu den anderen nachdrängenden Ländern Ostasiens -, aber Entwarnung ist nicht angebracht, denn dieser Abstand wird zusehends kleiner, also die deutsche Position zusehends relativ schlechter. Weiterhin hat der Sachverständigenrat ein breiteres Marktterrain in Gestalt der Gruppe der 35 Industriegüter analysiert, die auf dem Weltmarkt das stärkste Wachstum realisieren konnten; Spitzenreiter sind hier erwartungsgemäß die Güter des Bereichs EDV/Büromaschinen mit einer geradezu exorbitanten Entwicklung in den achtziger Jahren. Dementsprechend findet sich auch in allen Ländern, so auch der Bundesrepublik, dieser Bereich an der Spitze der Exportentwicklung, nur ist das Exportwachstum in Japan dreimal so stark, so daß die Japaner ihren Anteil am Weltmarkt dieser Schlüsselprodukte signifikant ausbauen konnten, und auch in den USA fast doppelt so stark. Betrachtet man die anderen Güter in dieser Auswahl nach Wachstumsstärke auf den Weltmärkten, dann stellt man fest, daß sich die Produktstruktur der Bundesrepublik nicht zureichend in die Rangfolge der Dynamik auf den Weltmärkten einordnet; offensichtlich gelingt es also nicht überall in ausreichendem Maße, mit dem Tempo, das von den einzelnen Produkten auf dem Weltmarkt vorgelegt wird, Schritt zu halten.

Zieht man ein weiteres Zwischenfazit, so ist festzustellen, daß es für die Bundesrepublik offensichtlich im High-Tech-Bereich und bei den stark expandierenden Gütern einige Probleme gibt, die man aber nicht dramatisieren sollte; auch hier ist wieder auf die besondere Fähigkeit der Absorption woanders entwickelter technischer Neuerungen hinzuweisen. Gleichwohl: Es ist die Aufgabe des Wirtschaftspolitikers, den Blick auf Negatives zu richten und sich nicht von (noch) bestehendem Positivem blenden zu lassen - dieses Positive mag schnell vergehen, wenn nicht rechtzeitig Defizite erkannt werden und an diesen mit geeigneten Lösungen angesetzt wird.

Ein weiterer wichtiger Indikator in der Urteilsfindung über die internationale Wettbewerbsfähigkeit eines Landes sowie seine Standortqualität für Unternehmen ist unbestreitbar die Entwicklung der *Direktinvestition*en. Alle Statistiken - des Bundeswirtschaftsministeriums und der Deutschen Bundesbank, die in gewisser Hinsicht voneinander abweichen - führen zu der auch von allen Wirtschaftsforschungsinstituten getragenen Aussage, daß die deutschen Direktinvestitionen im Ausland stark expandiert haben, während die ausländischen Direktinvestitionen in der Bundesrepublik leicht rückläufige Tendenz aufweisen. Nun ist es eine ganz natürliche Sache, daß deutsche Unternehmen im Ausland investieren: Fast ein Fünftel der deutschen Direktinvestitionen erfolgt im Handelsbereich und ist damit unmittelbar mit der exzellenten Entwicklung des deutschen Exports verbunden; ebenso ist es durchaus normal, daß auch Produktions- oder Forschungsverlagerungen stattfinden, wenn die Arbeitskosten im Inland komparativ zu hoch sind bzw. werden oder wenn Regulierungen die Technologieentwicklung beschränken wie zum Beispiel in der Bio- und Gentechnologie. Es ist also ganz natürlich, daß ein so stark in die internationale Arbeitsteilung und die Weltmärkte integriertes Land wie die Bundesrepublik auch verstärkt "draußen" investiert. Man würde dann aber nur erwarten, daß dies nicht überwiegend nur in einer Richtung abläuft, sondern daß sich vergleichbar integrierte ausländische Wirtschaften wie etwa die Japans äquivalent verhalten. Wäre dies der Fall, könnte man sich beruhigt zurücklehnen und feststellen, daß es mit dem Standort Bundesrepublik nicht so schlimm stehen könne, da ja offensichtlich die Ausländer eine Investition hier attraktiv und lohnend fänden; offensichtlich besteht aber zu solcherart beruhigtem Zurücklehnen keine Veranlassung, denn es ist evident, daß das Ausland an Investitionen hier keineswegs ein solches Interesse zeigt wie die deutsche Wirtschaft in anderen Ländern. Diese Facette des Themas wird zusätzlich durch den empirischen Befund illustriert und untermauert, daß die deutschen Direktinvestitionen im Ausland offenbar in Relation zur Entwicklung der Ausrüstungsinvestitionen in der Bundesrepublik angestiegen sind; dies ist auch ein Hinweis auf ablaufende Entscheidungsprozesse in Unternehmen und deren Kriterien, vor allem, wenn man berücksichtigt, daß der Anstieg der Ausrüstungsinvestitionen in der Bundesrepublik nahezu ausschließlich auf Investitionen der

Dienstleistungssektoren, also der Banken und Versicherungen zurückzuführen ist - offensichtlich ist die Attraktivität des Standorts Bundesrepublik zumindest für warenproduzierende Investoren, ob Deutsche oder Ausländer, im sinkenden Trend. Gewöhnlich wird an dieser Stelle der Diskussion von Standortoptimisten das Argument des *sozialen Klimas* und der *politischen Stabilität* vorgebracht. Es steht außer Frage, daß dies wichtige Argumente für die Qualität eines Standorts sind, nur: Wenn diese Kriterien so wichtig sind, wie ihre Verfechter meinen, dann sollten sie sich wohl auch in den ökonomischen Daten und Beurteilungen wiederspiegeln - aber dazu reicht es offenbar nicht. Man kann dies auch anders und schärfer akzentuieren: Unterstellt, diese "weichen" Faktoren hätten in der vermuteten Gewichtigkeit gewirkt, dann ist offenbar die Entwicklung der "harten" Faktoren bedenklicher zu Lasten des Standorts Bundesrepublik als es die Daten aufzeigen - und sie wird um so bedenklicher, je mehr sich in konkurrierenden Standortnationen die Überzeugung durchsetzt, daß Koorperation besser ist als Konflikt.

Basisfaktoren internationaler Wettbewerbsfähigkeit

Was aber können dann die *"harten" Basisfaktoren* sein, deren komparative Entwicklung so durchschlagend ist, daß aller sozialer Frieden und alle politische Stabilität zu ihrer Kompensation nicht ausreichen?

Das Stichwort von Kooperation und Konflikt führt zu einem ersten, in der Diskussion eine Hauptrolle spielenden Faktor: der Entwicklung der *Lohnstückkosten*, die sich auch, aber nicht nur aus den Lösungsmustern des Verteilungskonflikts zwischen Kapital und Arbeit ergibt - zentral ist hier also die international vergleichende Beobachtung der Löhne inklusive der Lohnzusatzkosten (also der Pro-Kopf-Einkommen aus unselbständiger Arbeit) bereinigt um die Entwicklung der Erwerbstätigenproduktivität. Analysiert man die Daten für die Bundesrepublik, so ist die Steigerung der Lohnstückkosten seit Beginn der achtziger Jahre um ca. 17 Prozent für sich genommen keineswegs als dramatisch anzusehen; allerdings ist diese Entwicklung in den USA etwas schwächer, in Japan dagegen deutlich schwächer ausgefallen. Der Fall Japans ist hier von außerordentlichem Interesse, denn der Schlüssel zu diesem signifikant geringeren Wachstum der Lohnstückkosten liegt in einer eminenten Produktivitätssteigerung, die ganz wesentlich in zwei Ursachen begründet ist: Zum einen findet dort eine außerordentlich hohe Investitionstätigkeit statt mit der Folge einer permanenten

Modernisierung des Kapitalstocks in rasantem Tempo; zum zweiten ist es Japan gelungen, die strukturelle Anpassung in radikaler Weise zu forcieren. Als man zum Beispiel in Japan feststellte, daß man aufgrund der Energiepreisverteuerung in den energieintensiven Branchen wie Stahl und Aluminium in Schwierigkeiten kommen würde, hat man die Produktion in diesen Bereichen zielbewußt zurückgefahren oder aber verlagert, wie dem Referenten aus eigener Anschauung einer Aluminiumschmelze bekannt ist, die in Japan abgebaut und in Südafrika aufgrund der geringeren Stromkosten wieder aufgebaut wurde - auf jeden Fall aber hat man solche gefährdeten Produktionen nicht etwa mit Subventionen aufrechterhalten, wie es hier gang und gäbe ist; der Kohlebergbau als Subventionsempfänger größten Ausmasses hat zudem in Japan nie eine besondere Rolle gespielt und ist zwischenzeitlich volkswirtschaftlich nicht mehr existent. Die realisierte Devise - weg von Sektoren mit (zu erwartenden) komparativen Nachteilen, hin zu Sektoren mit (zu erwartenden) komparativen Vorteilen - hat es erlaubt, vor allem in den (späten) siebziger Jahren einen starken Anstieg der Löhne hinzunehmen, der dann in den achtziger Jahren abgeflacht und sogar in einen leichten Rückgang gemündet ist. Illustriert wird dies im besonderen, wenn man sich vergegenwärtigt, daß in US-Dollar gerechnet - also gewissermaßen mit dem Weltmarktstandard - die Bundesrepublik einen Anstieg der Lohnkosten aufzuweisen hatte, der nur noch von Japan übertroffen wurde. Daraus aber zu folgern, daß Japan wie die Bundesrepublik in eine Phase des profit-squeeze geraten wäre, ist ein Fehlschluß. Durch die Umstrukturierung der Produktpalette und die radikale Ausgliederung zu teurer Produktionen konnte Japan hohe Preise erzielen und eine Gewinndrucksituation und damit Investitionsrückgang vermeiden. Später in den achtziger Jahren wurde trotz der Aufwertung des Yen eine Reduzierung der Gewinnmargen dadurch verhindert, daß die Löhne flexibel reagiert haben und somit Gefährdungen des Exports vor allem in Richtung USA vermieden wurden - die Ziffer der 24 Prozent, um die die japanischen Produktionskosten im Export zwischen 1980 und 1987 zurückgegangen sind, ist ein Musterbeispiel dafür, wie eine Volkswirtschaft und damit auch ein Wirtschaftsstandort flexibel auf Umweltveränderungen reagiert.

In der Bundesrepublik war all dies nicht, auf keinen Fall aber in diesem Maße zu verzeichnen und, wie schon gesagt, war in den achtziger Jahren ein Anstieg der Lohnstückkosten gegenüber den wesentlichen Mitkonkurrenten - Konstanz im Fall der USA, deutlicher Rückgang im Fall Japans - hinzunehmen. Auch ein Rückgang der Lohnkostenbelastung in den achtziger Jahren, also der um den Preisanstieg bereinigten Lohnstückkosten, kann über diesen komparativen Nachteil nicht hinwegtäuschen, der trotz zurückhaltender Lohnpolitik der deutschen Gewerkschaften weiterhin besteht. So sehr also die Gewerkschaften auch das Kaufkraftargument bemühen mögen: Zweifellos ist dies ein wettbewerbsrelevanter Nachteil, natürlich nicht für die Gesamtheit der exportorientierten Wirtschaft, wohl aber für die lohnintensiven Bereiche. Zur Illustration mögen die Ergebnisse einer Umfrage des Ifo-Instituts für Wirtschaftsfragen in der Metallindustrie dienen, bei der die Unternehmer die Lohnkostenentwicklung als die stärkste Gefährdung ihrer internationalen Wettbewerbsfähigkeit bezeichneten.

Ein wichtiger Punkt, der direkt mit dem zuvor erörterten verbunden ist, ist die *Entwicklung der Investitionen und des Sparens*, und da ergibt sich für die Bundesrepublik ein gar nicht mehr so erstaunliches Bild: Geht man bis zum Beginn der siebziger Jahre zurück, dann ist ein deutlicher Rückgang der Investitionsquote (des Anteils der Investitionen am Bruttosozialprodukt) festzuhalten, die sich erst wieder in den achtziger Jahren stabilisierte. Diese Investitionsquote ist international gesehen gar nicht einmal schlecht, auf jeden Fall aber schlecht im Vergleich zu Japan - auch Japan hatte einen Rückgang der Investitionsquote zu verzeichnen, allerdings ist sie fast doppelt so hoch wie in der Bundesrepublik. Setzt man diese Quote bei den hohen Wachstumsraten des Bruttosozialprodukts dort in nominale und reale Investitionen um, dann muß man schon erstaunen vor der ungeheuren Investitionsdynamik in diesem Lande - und mehr noch, wenn man die erfolgreiche strukturelle Modernisierung Japans und die durch diese Investitionsdynamik bedingte permanente Verjüngungskur des Kapitalstocks und die dadurch steigende Produktivität berücksichtigt. Betrachtet man ergänzend die Entwicklung der Ersparnisse der privaten Haushalte und der Unternehmen inklusive der Abschreibungen, dann ist festzuhalten, daß diese um fast drei Prozentpunkte zugenommen haben - was von den Investitionen bekanntermaßen nicht zu sagen ist; nimmt man noch die Ersparnis des Staates hinzu, dann muß zwangsläufig nach der Mechanik des volkswirtschaftlichen Kreislaufs ein entsprechender Außenbeitrag verbleiben, und das bedeutet, daß die Bundesrepublik in diesem Umfang Nettokapital exportiert hat.

Damit ist auch direkt die Frage der *Erfüllung des Ziels des "außenwirtschaftlichen Gleichgewichts"* angesprochen. Der Sachverständigenrat zur Begutachtung der gesamtwirtschaftlichen Entwicklung hat in seinen Jahresgutachten jedesmal die Aufgabe, zu beurteilen, ob und inwieweit die Ziele des Stabilitäts- und Wachstumsgesetzes aus dem Jahre 1967 erfüllt sind oder nicht - und speziell mit dem Ziel des außenwirtschaftlichen Gleichgewichts tut man sich etwas schwer, denn an welchen Kriterien macht man ein solches Ziel fest? Der Sachverständigenrat vertritt daher die folgende Argumentation: Das außenwirtschaftliche Gleichgewicht kann auch an dem festgemacht werden, was binnenwirtschaftlich beobachtet werden kann, und binnenwirtschaftlich ist festzustellen, daß die Investitionstätigkeit im Inland offensichtlich nicht ausreicht, bei steigender Erwerbsquote und damit auch steigender Erwerbspersonenzahl die zur Verfügung gestellten Arbeitsplätze beschleunigt auszuweiten, um so die bestehende Arbeitslosigkeit schneller abzubauen. Der Befund ist also, daß im Inland zu wenig und, wie an der Entwicklung der Direktinvestitionen abzulesen ist, im Ausland zu viel investiert wird; man kann es auch anders sagen: eben weil die Attraktivität von Investitionen im Inland nicht groß genug ist, besteht ein außenwirtschaftliches Ungleichgewicht, welches nichts anderes ist als das Spiegelbild des binnenwirtschaftlichen Ungleichgewichts aufgrund zu geringer Investitionstätigkeit im Inland.

Aber natürlich spielen in der öffentlichen Diskussion um den Standort Bundesrepublik auch noch andere Determinanten eine Rolle - bevorzugt dabei die *Umweltschutzkosten*. Es ist ziemlich diffizil bis nahezu unmöglich, diese international vergleichend nach einheitlichem Konzept zu erfassen, zumindest aber beanspruchen die Daten der OECD einige Validität für sich: Nach dieser Statistik der Anteile der Umweltschutzausgaben (Investitionen und laufende Ausgaben des Staates sowie Investitionen des Produzierenden Gewerbes, nicht: laufende Ausgaben des Produzierenden Gewerbes) am nominalen Bruttosozialprodukt liegt die Bundesrepublik im Jahre 1988 nach den Niederlanden (1,34 Prozent) und Kanada (1,11 Prozent) mit 1,07 Prozent an dritter Stelle; bei allen anderen erfaßten OECD-Ländern liegt die Belastungsquote durch Umweltschutzausgaben unter der Ein-Prozent-Grenze, so auch bei den USA (0,87 Prozent), Dänemark (0,79 Prozent), Großbritannien (0,74 Prozent), dem umweltpolitisch vielgerühmten Japan (0,69 Prozent), Schweden (0,64 Prozent), Frankreich (0,62 Prozent) und Italien (0,55 Prozent). Da der Anteil der Investitionsausgaben des Produzierenden Gewerbes in den einzelnen Ländern aber höchst unterschiedlich ist, verschieben sich diese Relationen doch beträchtlich, wenn man sein Interesse auf die Umweltschutzkostenbelastung der Wirtschaft richtet: Hier ist die Bundesrepublik 1988 mit 0,39 Prozent des Bruttosozialprodukts Spitzenreiter, gefolgt von den USA (0,32 Prozent), Kanada (0,25 Prozent), Großbritannien (0,19 Prozent) und Niederlande/Schweden (0,16 Prozent); Japan (0,07 Prozent) liegt mit Italien (0,09 Prozent), Frankreich (0,07 Prozent) und Dänemark (0,04 Prozent) am Ende der Liste, man kann auch sagen: vorn, wenn man wettbewerbliche Aspekte betont.

Man sollte sich aber davor hüten, solche Daten überzubewerten, denn dafür stehen sie doch auf zu tönernen Füßen: Zum einen sind die laufenden Ausgaben der Industrie hier nicht berücksichtigt und diese sind mittlerweile beträchtlich, je nach Größe des bestehenden Umweltkapitalstocks - in der Bundesrepublik geht man etwa von einer 1:1-Relation von Investitionen und laufenden Ausgaben aus; weiterhin ist es in internationalen Statistiken unklar, inwieweit hier nur sogenannte "End-of-Pipe"-Investitionen oder auch integrierte Umweltschutztechnologien berücksichtigt werden. Letztere sind ja eigentlich die unter allen Gesichtspunkten zu favorisierenden Lösungen, denn selbstverständlich ist es besser, emissionsarme Technologien zu verwenden, bei denen Emissionen erst gar nicht oder in äußerst vermindertem Maße entstehen, als emissionsintensiven Anlagen Filter u.ä. nachzuschalten. Jedenfalls ist es im Augenblick schwer, von den Statistiken her zu beurteilen, ob die Umweltschutzkostenlast in den Unternehmen eher transitorisch ist oder sich zu einer generellen Belastung der Wettbewerbsfähigkeit auswächst. Pauschal dürfte das wohl nicht gelten: Die Last konzentriert sich eher in einzelnen Branchen, die durch eine intensive Umweltbeanspruchung ausgezeichnet sind - hier aber ist auch nach den vorherigen Daten, die ja eine international sehr unterschiedliche Kostenbelastung der Industrie zeigten, eindeutig von einer Beeinträchtigung der deutschen Wettbewerbsposition auszugehen; so spielt es wettbewerblich schon eine Rolle, ob man als Unternehmen der Mineralölverarbeitung seinen Standort in der deutschen Rheinschiene oder in Rotterdam hat. Dennoch hört man natürlich häufig das Argument, daß das, was heute an Umweltschutzkosten getätigt wird, neben dem beabsichtigten Umweltqualitätseffekt auch als Vorleistung für in der Zukunft entstehende komparative Vorteile auf den Märkten zu sehen ist, daß also derjenige, der heute im Umweltschutz vorprescht, auch die Besetzung neuer Positionen im internationalen Wettbewerb vorbereitet - und diese sollen dann um so gefestigter ausfallen, je ambitiöser die Ziele heute sind. Es ist keineswegs auszuschließen, daß sich dieses Argument bewahrheitet - zu diesem Zeitpunkt jedenfalls ist die Statistik noch kein Zeuge für diese Theorie; es sei nur daran erinnert, daß bei der Emissionsminderung von Kraftwerken auf japanische Lizenzen zurückgegriffen werden mußte - aber auch die Aufarbeitung eines Rückstandes ist ja schon ein relativer Fortschritt.

Spricht man von Kraftwerken, dann liegt als weiteres Kriterium internationaler Wettbewerbsfähigkeit der Vergleich der *Stromkosten* nahe. Und hier ist die Aussage eindeutig, daß die Bundesrepublik im Vergleich zum benachbarten westeuropäischen Ausland schlecht abschneidet - fast alle sind billiger. Der abwiegelnde Hinweis auf Japan, wo die Stromkosten weitaus höher sind als in der Bundesrepublik, trifft nicht den Kern des Arguments, denn dort spielt der Strompreis nur eine sehr nachrangige Rolle, da, wie zuvor skizziert, die stromintensiven Industrien dort systematisch zurückgefahren worden sind. Es ist natürlich sehr die Frage, ob die Energieerzeugungssysteme und -strukturen in den einzelnen Ländern überhaupt vergleichbar sind, ebenso, ob dort auch "richtig" gerechnet wird, beispielsweise im Hinblick auf die ökologischen Kosten der Energieerzeugung; Faktum ist jedenfalls, daß Strom in der Bundesrepublik eine vergleichweise teure Ressource ist und daß Industrieunternehmen mit hohen Stromkostenanteilen eine Verlagerung in das billigere Ausland erwägen (müssen). Daran kann sich allerdings vom magischen Datum 1993 ab (Stichwort: Europäischer Binnenmarkt) einiges ändern, wenn französische, belgische oder holländische Energieversorgungsunternehmen in die direkte Belieferung deutscher Unternehmen eintreten, was voraussetzt, daß sogenannte Durchleitungen mit konkurrenzbegründender Wirkung möglich und erlaubt werden. Dies ist zur Zeit heftig umstritten und natürlich wenden sich die deutschen Energieversorgungsunternehmen (Stichwort: Jahrhundertvertrag) dagegen, ebenso natürlich hält es aber auch die EG-Kommission für eine Selbstverständlichkeit, daß es zu einer Öffnung bisher versperrter Märkte in der Bundesrepublik kommen muß. Wo Gewinner sind, sind aber immer auch Verlierer: neben den deutschen Stromerzeugern, die man aus den Fesseln des Jahrhundertvertrags entlassen muß, eben auch der deutsche Kohlebergbau - eine Gefährdung der Wettbewerbsfähigkeit dieses Sektors wäre dies keineswegs, da er diese ohnehin nicht für sich beanspruchen kann, aber eine Erleichterung für von ungeheurer Subventionslast gebeutelte Steuerzahler und Stromkunden.

Wenn schon die lastgebeugte Figur des Steuerzahlers hier erschienen ist, dann führt selbstverständlich auch kein Weg an einer kurzen Diskussion der *Steuerbelastung* in der Bundesrepublik und den konkurrierenden Ländern vorbei. Internationale Steuerbelastungsvergleiche sind ein extrem schwieriges und komplexes Unterfangen, da sie die spezifischen Systeme und Bedingungen in den einzelnen Ländern korrekt abbilden müssen, aber zwischenzeitlich vor allem vom Ifo-Institut und dem Institut für Weltwirtschaft in akzeptabler Weise durchgeführt wurden. Ohne hier ins einzelne und in den Ländervergleich explizit hineingehen zu wollen, lassen sich doch einige allgemeine Muster im steuerlichen Bereich, vor allem bei den Unternehmenssteuern festhalten. Angestoßen durch den Einfluß angebotsorientierter Ökonomen in den USA hat sich in den achtziger Jahren auch international ein breiter Trend etabliert, der eine Reduktion der direkten Besteuerung und insbesondere der Steuern auf den Unternehmensgewinn zum Inhalt hat. Ausläufer dieses Trends haben bekanntermaßen auch die Bundesrepublik getroffen, allerdings dürfte ziemlich klar sein, daß die Bundesrepublik komparativ hier nicht mithalten kann und auch dann nicht, wenn die Steuerreform 1990 abgeschlossen ist. Wenn es den vielzitierten "Wettbewerb der

Steuersysteme" gibt, und daran besteht kein Zweifel, dann führt auch in der Bundesrepublik kein Weg an einer Verbesserung im Bereich der Unternehmensbesteuerung vorbei. Das hat gar nichts damit zu tun, ob man die momentane Belastung der Unternehmen nach irgendwelchen Kriterien für gerecht oder gerechtfertigt hält, es ist eine Forderung, die schlicht darauf basiert, daß sich die Umwelt verändert hat, also in anderen konkurrierenden Ländern so viel auf den Weg gebracht worden ist - und die Formel, daß aus dem Gewinn von heute die Arbeitsplätze von morgen werden, ist eben von ubiquitärer Geltung.

Einige Schlußfolgerungen

Versucht man ein *Gesamtfazit* dieser Diskussion zu ziehen, dann gehen bei einer Reihe von Punkten, die sich an Statistiken, Kosten und Preisen ablesen lassen, ohne Zweifel *Warnlichter* an - aber man kann mit einiger Begründung auch sagen, daß solche *"harten" Fakten nicht das Gesamtbild des Standorts Bundesrepublik ergeben.*

Im Sinne dieses Arguments ist es richtig, daß in der Bundesrepublik ein anderes *soziales Klima*, eine ausgeprägte soziale und politische Stabilität vorherrscht, die in dieser Form zumindest bei den Weltmarktkonkurrenten bisher nicht zu finden war. Offensichtlich aber haben die anderen Länder (und die jeweiligen Interessengruppen dort) hinzugelernt, daß der verteilbare Kuchen bei kooperativem Verhalten größer ist als bei konfliktorientiertem, was sich deutlich an der drastisch sinkenden Streikhäufigkeit beispielsweise in Großbritannien und Frankreich ablesen läßt; stabilisiert sich dieses Lernergebnis dort, dann kann sich das Argument des klimatischen Vorteils namens "sozialer Frieden" hier sehr schnell entwerten. Es kommt hinzu, daß ja ein solcher Klimavorteil nicht umsonst zu haben war und ist, sondern durch eine Vielzahl von sozialen Maßnahmen und Errungenschaften mit Gewöhnungseffekt (Stichwort: soziale Besitzstände) produziert wurde und wird; das, was man "sozialer Frieden" nennt, ist im Grunde nichts anderes als die Erfüllung praktisch aller wesentlichen Forderungen, damit ein großer Friede werde in Unternehmen, Wirtschaft und Gesellschaft - und es steht außer Frage, daß unter bestimmten Bedingungen diese Produktionsweise des sozialen Friedens einmal wettbewerbsbeeinträchtigend wirken kann, falls nämlich kooperatives Verhalten in den konkurrierenden Nationen durch andere Mechanismen, die weniger kostenträchtig sind, realisiert wird. Dies ist die andere Seite der Medaille der sozialen Stabilität, die niemals übersehen werden sollte; verbunden mit einem Übermaß gesetzlicher Regelungen, Regulierungen in einem weiten Sinne, aber auch freiwilligen Vereinbarungen wird ein erheblicher Preis für Stabilität bezahlt - letztlich in der Währung kurz- bis mittelfristig mangelnder Flexibilität und Anpassungsfähigkeit.

Noch ein zweiter Punkt ist geeignet, Wasser in den Wein zu gießen: Es ist natürlich richtig, daß in der Bundesrepublik ein *hervorragendes Humankapital* vorhanden ist, auf das Wirtschaft und Staat setzen können; aber: Letztlich zählen im internationalen Wettbewerb nur die Kosten des Faktors Arbeit. Wenn die Qualität des Humankapitals wirklich so hoch ist und dieser Faktor so durchschlagend ist, dann müßte sich dies ja wohl in einer entsprechenden Entwicklung von Hochtechnologien zeigen - eben darin, daß man einen Spitzenplatz in Handelsklasse A besetzt und nicht bei Handelsklasse C Weltmeister ist; irgendwie müßte sich dieser komparative Vorteil dann auch in den Indikatoren auswirken, mit denen man Wettbewerbsfähigkeit operationalisiert. Offensichtlich hapert es mit der Verifizierung dieser Theorie in der Empirie gehörig, und dies zeigt einmal mehr, daß der Faktor der Humankapitalqualität kein selbständiger Faktor ist, der gewissermaßen für sich selbst wirkt, sondern der letztendlich über die Lohnkostenentwicklung und das Ausmaß, in dem man sie über hohe Weltmarktpreise durchsetzen kann, effektiv wird. Und letzteres ist eine Frage der Produktentwicklung und Produktstruktur für den Wettbewerb auf den Weltmärkten.

Da wie gesehen jede Medaille ihre zwei Seiten hat, scheinen solche relativierenden Aspekte um so mehr am Platze zu sein, je häufiger Abwiegelungsargumente in der öffentlichen Diskussion auftauchen. *Trotzdem: Niemand kann sagen, der Standort Bundesrepublik wäre ein schlechter Standort* - dies wäre viel zu simpel und radikal; *aber: Man sollte die Warnzeichen beachten* - zum Beispiel bei der Entwicklung der Direktinvestitionen, bei den Hochtechnologiegütern und auch und vor allem im Bereich der Unternehmensbesteuerung. Es kann ja nicht allein an der deutschen Küche liegen, daß japanische Unternehmen zuhauf ihre europäischen Filialen in England eröffnen, zumal bei dem miserablen Ruf der englischen.

Was aber ist nun die wirtschaftspolitische Antwort auf diese Fragen - oder wie sollte sie aussehen? Seit Jahren schon diskutiert der Sachverständigenrat immer wieder die Verfehlung des Beschäftigungsziels und betont die Notwendigkeit einer Steigerung der Investitionen der Unternehmen und des Staates - die katastrophale Lage der öffentlichen Investitionen in vielen Infrastrukturbereichen ist gerade erst durch die Studentenstreiks an den Universitäten demonstriert und untermauert worden, und die nationalen

Rückstände im Forschungsbereich sind bemerkenswert bis beängstigend, wenn man die deutsche Forschungslandschaft kritisch in Augenschein nimmt. Wo ist also anzusetzen? Sicherlich zunächst bei der Steuer- und Finanzpolitik: auf der Ausgabenseite geht es um quantitative und qualitative Konsolidierung und Konzentrierung auf das Wesentliche, vor allem aber immer noch und immer wieder um eine Rückführung der Subventionen, die ja dazu tendieren, Strukturen von gestern möglichst lang zu erhalten und damit komparative Nachteile immer größer werden zu lassen. Auf der Einnahmeseite ist nach dem gemeinsamen Urteil aller Mitglieder des Sachverständigenrats zumindest eine Umstrukturierung im Bereich der Unternehmenssteuern notwendig, und die Mehrheit der Mitglieder hält eine deutliche Entlastung für unverzichtbar, gerade in Anbetracht der Entwicklungen, die sich in anderen konkurrierenden Ländern vollziehen.

Es ist ganz offensichtlich, daß, wenn es um Probleme der internationalen Wettbewerbsfähigkeit geht, makroökonomisch orientierte Wirtschaftspolitik nicht weiterhilft - niemand wird mit dem Vorschlaghammer auf ein Problem losgehen, wenn nur das Chirurgenbesteck angepaßt ist. Worum es geht, ist *Wirtschaftspolitik im Sinne von Mikropolitik* erfolgreich zu betreiben; und das heißt auch, die Unternehmen von den Fesseln zu befreien, die sie an der Erfüllung ihrer Aufgaben zum gemeinsamen Besten aller hindern, ihnen die Fähigkeit zu dynamischer Entwicklung zurückzugeben und Flexibilität in Entwurf und Anpassung zu ermöglichen. Mehrere Politikbereiche sind hier angesprochen - von der Arbeitszeitpolitik, über die Umweltschutzpolitik bis zur Forschungspolitik -, aber in der Essenz ist dies ein ordnungspolitisches Problem und es ist eine *ordnungspolitische Offensive* vonnöten; gelingt eine solche Offensive, braucht einem um den Standort Bundesrepublik nicht bange zu sein - es wäre dann eben alles "in Ordnung".

Der Standort Bundesrepublik: Die technologische Basis und Zukunft

Johann Löhn

Einführung

Das Thema ist seit Jahren das gleiche: Wie wird die Bundesrepublik mit dem technologischen Strukturwandel fertig?

Dieses Attribut besteht zu Recht: Es ist vornehmlich ein technologischer Strukturwandel, denn analysiert man die Ursachen struktureller Veränderung, dann erkennt man zweifelsfrei: Die Ursache war und ist ein Wandel in der Technologie. Niemand wird behaupten, dies wäre ein neue Erkenntnis - die meisten Umwälzungen in Wirtschaft und Gesellschaft sind durch neue Technologien in Gang gesetzt worden - Beispiele dafür gibt es zuhauf. Das wirklich Neue in unserer Zeit ist, daß der Strukturwandel durch die Technologie nicht, wie bei der Erfindung des Automobils, an einer einzigen Stelle auszumachen ist, sondern daß dieser technologische Einfluß in alle Bereiche diffundiert; es gibt keine wirtschaftlichen Bereiche und auch keine Berufe, die sich diesem Prozeß entziehen können.

Es verwundert daher auch nicht: Überall wird über Technologien und über Technologietransfer geredet, offensichtlich hat eine gewisse Nervosität um sich gegriffen. Daß dies im besonderen Maße bei dem Unternehmer der Fall sein muß, liegt auf der Hand: Nutzt er die Segnungen einer neuen Technologie zu früh oder nutzt er sie zu spät - beides kann brisante Folgen für den Bestand des Unternehmens haben; die Schwierigkeit für den Unternehmer besteht also einzig und allein, überspitzt gesagt, darin, das optimale Datum des Einstiegs in die neue Technologie zu finden.

Dabei kann man ihm helfen - der Referent als Technologiebeauftragter Baden-Württembergs und die Aktivitäten der Steinbeis-Stiftung. Dazu macht es aber keinen Sinn, mit pauschalen Sprüchen zu agieren wie "die Japaner kommen", und auf ihren Fersen die Koreaner, Taiwanesen und wer sonst noch immer; der Unternehmer muß sich entscheiden, was er am nächsten Morgen zu tun hat und da helfen solche Sprüche nicht weiter. Was aber weiterhilft, ist technologische und wirtschaftliche Beratung, die Weitblick mit konkreten Problemlösungen verbindet; findet man so die richtigen Konzepte - und hat ein bißchen Mut -, dann kann der Erfolg gar nicht ausbleiben.

Dies ist kein fröhliches Pfeifen im dunklen Keller, sondern die Erkenntnis aus der Durchführung und Begleitung von vielen, ca. 12.000 Projekten pro Jahr. Diese sind die Grundlage für die Ausführungen an dieser Stelle - nur aus einer Vielzahl von Beispielen kann man auch über einen Verdichtungsprozeß von Beispielen und Erfahrungen Strategien entwickeln, aber Strategien allein wären zu nichts nutze.

Auf dieser Basis soll das gestellte Thema von fünf Seiten her beleuchtet werden:

- Strukturwandel aus der Sicht der Technologien
- Strukturwandel aus der Sicht von Produkten und Verfahren
- Strukturwandel aus der Sicht der Unternehmen
- Die Rolle des Staates im technologischen Wandel
- Die Rolle des Menschen im technologischen Wandel

Strukturwandel aus der Sicht der Technologien

Zu diesem Punkt ist zunächst etwas Erstaunliches festzustellen: Es ist ziemlich gleichgültig, ob man ein sogenanntes Schwellenland oder ein Industrieland betrachtet, überall - ob in Malaysia, Taiwan, Singapur, Korea, USA, Japan oder Großbritannien, Frankreich und der Bundesrepublik - findet man dieselben technologischen Schwerpunktprogramme. Offenbar ist es so, daß man sich überall von demselben Besonderes erhofft; und die Unterschiede zwischen den Ländern sind dabei nicht signifikant: Die Israelis mögen einiges mehr an rüstungsrelevanten Programmen vorzuweisen haben, die Norweger einiges mehr an "Off-shore"-Technologieforschung, aber der gemeinsame technologische "Korridor" ist identisch, und bekanntlich nennt man diese Technologien im gemeinsamen Korridor "Schlüsseltechnologien". Diesen soll nun in diesem Abschnitt die besondere Aufmerksamkeit gelten, speziell dabei unter dem Blickwinkel des durch ihre Anwendung ausgelösten Strukturwandels.

Die zuerst zu nennende Schlüsseltechnologie ist - wie könnte es anders sein - die *Mikroelektronik*; sie ist gewissermaßen prototypisch für alle anderen in bezug auf den strukturellen Wandel. Vielleicht erinnert man sich noch an die Zeit, als ein großes Erstaunen in der Uhrenindustrie darüber um sich griff, daß ein Unternehmen wie Texas Instruments plötzlich Uhren herstellte - was eine völlig neue Produktlinie für TI war. Was war geschehen? Die Elemente "Messen, Steuern, Regeln" hatten sozusagen durch den Seiteneingang in eine andere Technologie Einzug gehalten! Dieser Strukturwandel ist heute vollzogen, nachdem diese Elemente in alle Bereiche diffundiert sind, und hat eine Reihe von Pleiten bei Industrie-, Komponenten- und Handelsunternehmen hinterlassen, soweit diese nicht rechtzeitig und erfolgreich diversifiziert hatten. Und diese Unternehmen waren im wesentlichen mittelständische Unternehmen, die von der mikroelektronischen Revolution im besonderen betroffen wurden und werden. Zieht man zusätzlich in Rechnung, daß die Chip-Produktion im anwendungsspezifischen Bereich immer mehr zu kleineren Stückzahlen tendiert, dann liegt es auf der Hand, daß sich die mittelständischen Unternehmen, weil ja immer mehr das Herzstück ihrer Maschinen und Anlagen berührt wird, nach neuen Feldern umsehen müssen - was vor allem und zunächst ein "Denken in Systemen" voraussetzt. Die derart bedingte Abhängigkeit von den Halbleiterherstellern macht es möglicherweise auf den ersten Blick attraktiv, sich in diesem Bereich zu engagieren, allerdings ist dies für Mittelständler nur schwer zu realisieren: Der notwendige Investitionsaufwand im Bereich der Halbleiter ist in der Regel zu groß, die Investitionskraft der Konkurrenten zu gewaltig.

Die zweite Technologie, die man bei den Schlüsseltechnologien nennen muß, ist die *Fertigungstechnologie* - und der Wandel ist hier in vollem Gange. Selbstverständlich hat jeder mittelständische Betrieb Werkzeugmaschinen, mit denen er produziert - im wesentlichen mit CNC, also Computer and Control und für wiederholbare Vorgänge geeignet. Aber man sieht deutlich, daß hier eine neue Innovationswelle im Bereich der Sensoren auf die Produktion zukommt, nämlich dort, wo Werkstücke von Werkzeugen bearbeitet werdem; geben die Sensoren verläßliche Werte darüber, in welchem Status der Bearbeitungsvorgang ist, so liegt quasi ein geschlossener Kreislauf vor. Mit Hilfe der Informationsverarbeitung permanenter Sensor-Signale wird die Entwicklung hier weiter vorangetrieben, auch im Hinblick auf Wirtschaftlichkeit - und der Schlußpunkt der Entwicklung wird eine Losgröße von eins sein - dazu ein Beispiel: In Stuttgart fand jüngst eine Pressekonferenz eines Unternehmens statt, das Brillen herstellt und - das ist neu - gewissermaßen "pro Kopf". Köpfe sind bekanntlich auf der ganzen Welt verschieden, und die Idee des Unternehmens war, für jeden Kopf automatisch eine Brille herzustellen - in Stuttgart wird gemessen und in Chicago gefertigt. Verständlicherweise wird dies von der Optikindustrie nicht so gern gesehen, vor allem aber nicht die politische Unterstützung dieses Vorhabens. Nur: es führt kein Weg an dem Trend zu flexibler Automatisierung und zu immer geringeren Stückzahlen vorbei. Verantwortlich dafür ist zum einen der Fortschritt in der Informationsverarbeitung, zum anderen die Entwicklung der Sensortechnologie, und, was heute noch nicht überall in aller Deutlichkeit gesehen wird, auch die Anwendung der Lasertechnik, die Bearbeitung von Werkstücken im Mikrobereich ermöglicht.

Die dritte, hier notwendigerweise anzusprechende Schlüsseltechnologie ist die *Biotechnologie*. Auf den ersten Blick könnte man sich fragen, welche Bedeutung die wohl für die mittelständische Wirtschaft hat. Man betrachte aber ein Beispiel aus der Biotechnologie, hier speziell der Medizintechnik: Den Wissenschaftlern der Universität Ulm ist es gelungen, Glukosesignale zu erzeugen - und für den Grundlagenforscher ist dies sein Beitrag zur Diabetes-Forschung. Dann aber ist das mittelständische Unternehmen gefragt, das diversifiziert und Gerätetechnik entwickelt und anbietet, um solche Glukosesignale zu verarbeiten; dies ist auch geschehen speziell von Firmen, die aus dem Bereich der Medizintechnik kamen. Die Quintessenz daraus ist, daß unterschieden werden muß zwischen der Biotechnologie und der entsprechenden Forschung einerseits, der Anwendungstechnologie dieser Forschungsergebnisse andererseits - und hier ist eine Menge an Diversifikationsmöglichkeiten gegeben. Bezüglich der Sicherheit biotechnologischer Forschung steht außer Frage, daß die Bundesrepublik hier an der Weltspitze marschiert; dies ist überhaupt nicht negativ zu sehen, im Gegenteil, aber: Man muß hier sehr darauf achten, daß man mit dieser Sicherheitsstrategie nicht ungewünschte Nebeneffekte erzeugt. Verlassen nämlich die großen Firmen die Bundesrepublik, dann entfällt auch die Infrastruktur für die vielen mittelständischen Unternehmen. Zur Zeit ist der Stand in der biotechnologischen Grundlagenforschung hier auch international gesehen recht gut, was sich auch an den vielen herumreisenden Head-huntern deutlich zeigt. Allerdings: ein führender Industriestaat wie die Bundesrepublik kann sich nicht noch einmal erlauben, den Anschluß zur Spitze zu verpassen!

Die vierte wichtige und neue Schlüsseltechnologie sind die "*neuen Werkstoffe*". Die Grundlagenforschung im Bereich dieser neuen Werkstoffe hat einen international akzeptablen Status. Worum es jetzt geht, speziell für den Mittelstand, ist, Verarbeitungsverfahren für Faserverbundwerkstoffe und Keramiken zu entwickeln. Betrachtet man beispielsweise den deutschen

Maschinenbau, dann muß man feststellen, daß man die wesentlichen Probleme und neueren Innovationen dort sehr gut beherrscht - weitere Innovationen müssen sich nach dem zur Zeit größten Engpaß ausrichten, und dieser liegt beim Verschleiß des Materials; es werden sich also unweigerlich Innovationen in dem Bereich der Oberflächentechnik ergeben müssen. Die Steinbeis-Stiftung beispielsweise hat diesen Bereich als vordringlich erkannt und zwischenzeitlich drei Institute gegründet, die sich ausschließlich auf Oberflächentechnik konzentrieren; es ist keine Frage: Hier liegen die größten Diversifikationschancen!

Eine fünfte Schlüsseltechnologie, die nicht so sehr im Gespräch ist wie die anderen, ist die *Mikromechanik*. Der Ausgangspunkt ist klar: Die Halbleiterhersteller haben ja gelernt, mit Hilfe von Elektronen- und Röntgenstrahlen ihre Chips immer kleiner und kleiner zu machen, und das Knowhow, das man dort erarbeitet hat, kann man prinzipiell ja auch in anderen Bereichen anwenden. Die Entwicklungen sind hier in vollem Gange, und man muß sich darauf einstellen, daß sich in den nächsten fünf bis zehn Jahren im Bereich der Mikromechanik, also der Produktion von Geräten unter dem Mikroskop, einiges tun wird. Nimmt man ein Branchenbuch zur Hand und blättert dieses durch, dann ist heute schon zu sagen, was es alles innerhalb dieser mittleren Frist nicht mehr geben wird oder zumindest nicht in dieser Form. Ein Beispiel dafür wären Steckverbindungen: Am Anfang war die Funktion auf dem Chip, dann kam der Speicher hinzu und letztlich wird das ganze Gerät darauf sein, und diese Entwicklung bedeutet natürlich, daß es mittelfristig keinen Markt mehr geben wird für die Anbieter traditioneller Steckverbindungen. Diversifizierung tut hier not, aber es ist nicht zu verkennen, daß der Einstieg in diesen Bereich für den Mittelstand noch sehr, sehr teuer ist.

Die sechste und letzte Technologie, die hier zu nennen ist, ist die *Kommunikationstechnologie*. Falls jemand in einigen Jahren ein Buch über die neuere Geschichte der technologischen Entwicklung schreiben sollte, dann wird ohne Zweifel die Kommunikationstechnik als Ursache allen "Übels" im Zentrum stehen; sie ist die verantwortliche Technologie im strukturellen Wandel, weil sie überall eindringt, keinen Bereich ausläßt und in gewissem Sinne janusköpfig ist in ihrer Wirkung, den Produktionsprozeß einerseits auseinanderzuziehen, andererseits zusammenzuhalten. Für die Klarheit der Diskussion ist es aber notwendig, Kommunikationstechnologie nach ihren Komponenten abzugreifen - und dabei sind im wesentlichen drei zu nennen:

Eine erste Komponente ist natürlich die *Infrastruktur*, die der Staat zur Nutzung der Kommunikationstechnik bereitstellen muß - die Ordnungsdiskussionen, die hierzu in der Bundesrepublik ablaufen, muten im Urteil von

Ausländern geradezu gespenstisch an und sind insoweit typisch deutsch geprägt; was die Wirtschaft braucht, ist ein klares Bekenntnis der staatlichen Träger, ihren Teil zur Wettbewerbsfähigkeit der Nation beizutragen und das heißt eben, die notwendige Infrastruktur zur Nutzung der Kommunikationstechnologie bereitzustellen. Wie weit diese Technologie mittlerweile in das tägliche Leben Einzug gehalten hat, merkt man kaum noch bewußt, so allgegenwärtig ist sie in allen Sparten des beruflichen und privaten Lebens. Und diese Entwicklung wird in allen Bereichen weitergehen: Es ist ohne weiteres vorstellbar, daß in einigen Jahren der Handwerksmeister zu Hause sitzend per Ferndiagnose Fehler an elektrischen Geräten aufspürt, bevor er sich mit den richtigen Ersatzteilen auf den Weg macht - dies wird er nicht tun, weil er ein Computer-Freak ist, sondern weil er nur so wettbewerbsfähig bleiben wird. Der Einsatz der Kommunikationstechnik wird zu einem Wettbewerbsinstrument par excellence.

Eine zweite Komponente zeigt sich deutlich bei der *Fertigungstechnologie* - Computer Integrated Manufacturing CIM, also Kommunikationstechnik im Bereich der Fertigungstechnologie, heißt hier das Stichwort. Als Technologiebeauftragter von Baden-Württemberg ist der Verfasser zuständig für Fördervorhaben und erstellt in dieser Funktion ca. 2.000 Gutachten pro Jahr, gibt also technologische Bewertungen ab. Technologische Transparenz ist hier also gegeben, und es ist festzustellen, daß zahlreiche kleinere Zuliefererfirmen zu Großkonzernen in diesem Land in der Größenordnung bis zu 20 Beschäftigten sehr wohl zu 10-C-Verkettungen in der Lage sind; es findet sich also allenthalben Hochtechnologie in der Fertigung selbst in kleinen Unternehmen, und dies nicht aus Spaß an der Technologie, sondern zur Erhaltung der Wettbewerbsfähigkeit. Dies bedeutet, daß eben auch bei kleineren Firmen fertigungstechnologischer Fortschritt der höchsten Entwicklungsstufe um sich greift, wobei der volkswirtschaftliche Durchdringungsgrad bei der Fertigungstechnologie womöglich noch größer ist als bei der Kommunikationstechnologie. Dies wird sich mit der Zeit einpendeln, und: "There's no alternative", um Ms. Thatcher zu zitieren.

Eine dritte Komponente unter der Überschrift Kommunikationstechnik ist die "*künstliche Intelligenz*", die man in der Regel in die Bereiche Robo-Tech, Spracheingabe/-ausgabe, Mustererkennung und Expertensysteme unterteilt. Mit Expertensystemen sind wohl auch Nicht-Experten schon einmal in Berührung gekommen - man sagt hier einfach, daß der Rechner breiter genutzt werden soll, eben nicht nur als Datenbank, sondern auch für Expertenwissen. Expertensysteme werden eine ähnlich rasante Entwicklung nehmen wie beispielsweise CAD, Computer Aided Design. Der Verfasser, von der Ausbildung her Physiker, erinnert sich noch gut an die Phase, als die ersten Laborexperimente in diesem Bereich gemacht wurden; heute hat jedes kleine Architekturbüro ganz selbstverständlich ein CAD-Package und niemand redet mehr darüber. In fünf Jahren wird bei Expertensystemen eine ähnliche Situation gegeben sein - auch Firmen, die nicht im Informationsbereich tätig sind, werden sie als Wettbewerbsinstrumente nutzen, weil dort eben Rationalisierungsmöglichkeiten in beträchtlichem Ausmaß liegen.

Diese sechs Technologien - man kann, wenn man will, noch die Steuerungs- bzw. Sensortechnik hinzunehmen - sind die Schlüsseltechnologien, die die Welt verändern; und sie tun dies nicht singulär für sich allein, sondern vor allem in ihrer Wechselwirkung. Auf der Basis dieser Erkenntnisse aber müssen dann Schlußfolgerungen gezogen werden im Hinblick auf die notwendigen Handlungsprogramme, um als Unternehmen oder als Staat im Wettbewerb Erfolg zu haben. Dieser Analyse dient die Betrachtung des Themas aus den nun folgenden weiteren fünf Perspektiven.

Strukturwandel aus der Sicht von Produkten und Verfahren

Wenn man sich dieser Perspektive zuwendet, dann ist die Frage zu beantworten, wie sich unter dem Einfluß der neuen Technologien Produkte und Verfahren ändern müssen. Auch hierzu sind wiederum einige Unterpunkte zu nennen.

Zum ersten Punkt: Zuvor wurde betont, daß bei allen neuen Technologien die Kommunikationstechnik eine bedeutende Rolle gespielt hat und dies besonders in ihrer Charakteristik, Elemente auseinanderdriften zu lassen ebenso wie wieder zusammenzufügen. Analog dazu kann man auch sagen, daß das Wesentliche des technologischen Strukturwandels - der fundamentale Wandel - der *Übergang vom Produkt zum System* ist. Man denkt heute nur noch in Systemen. Vielleicht erinnert sich noch jemand daran, wie früher programmiert wurde, nämlich Zeile für Zeile; später hat das niemanden mehr interessiert, welche Sprachen zur Programmierung benutzt wurden, man verfuhr in einem top-down approach, und alles darunter wird in Systemen eingegossen. Man betrachte einmal heute den Prospekt einer Werkzeugmaschine: Kein Unternehmen bietet mehr eine schlichte Werkzeugmaschine an, es verkauft das System Werkzeugmaschine mit Datenzuführung und Datenabführung. Die Schwarzwälder Firmen, die Zeiterfassungsgeräte verkaufen, wären längst Lohnfertiger, wenn sie ihre Produkte wie in alten Zeiten anbieten würden: Würden sie ihre alten Produkte heute für einen Fertigungsprozeß anbieten, dann würden sie eine gehörige Abfuhr erleben -

was gefragt ist, ist Information über Datenentstehung, Datenfluß und Datenverarbeitung. Diversifizierung tat hier not, und diese hatte Denken in Systemen als entscheidende Voraussetzung. Allerdings ist das leichter gesagt als getan - man stelle sich ein kleines Unternehmen vor, das dreißig Jahre lang nur Produkte hergestellt hat und nun in Modulen denken soll; der Verfasser weiß aus seiner Hochschulzeit auch noch sehr genau, wie schwierig es war, den Kollegen Professoren des Maschinenbaus systemanalytisches Denken zu vermitteln. Man könnte auch den Eindruck haben, daß es gerade dieses mangelnde Systemdenken ist, das die Politik allzu häufig in die falsche Richtung laufen läßt - gewissermaßen Einzelregelungswut versus Denken in Systemen; der einzelne macht an seinem Platz möglicherweise sogar das Richtige, nur sind das alles Einzellösungen und Suboptima, und das Staatsschiff gerät auf falschen Kurs. Festzuhalten bleibt: Denken in Systemen ist erlernbar, und: derjenige, der die Systeme beherrscht, wird auch die Technologien beherrschen.

Der zweite Punkt, der aus der Sicht von Produkten und Verfahren von großer Wichtigkeit ist, bezieht sich auf den Diversifizierungsaspekt. Das prosperierende Bundesland Baden-Württemberg ist sicherlich auch deshalb so prosperierend, weil es überproportional viel mittelständische Industrieunternehmen aufzuweisen hat. Dabei ist vom Verfasser seit Jahren vertreten worden, daß es keinen Sinn macht, wenn der Mittelständler eine neue Technologie noch einmal neu erfinden will, ganz im Gegenteil, er muß die bestehende Technologie nutzen. Als Strategie formuliert hat dieses Konzept den Namen "*organische Diversifikation*". Diese ist keine persönliche Erfindung, sondern ganz unabhängig von der Person des Verfassers von Mittelständlern praktiziert worden, und heute wird dieses Konzept in Baden-Württemberg bewußt forciert. Zum besseren Verständnis der organischen Diversifizierung drei Beispiele:

Ein Unternehmen, das Blechbearbeitungsmaschinen herstellt, kommt ganz selbstverständlich irgendwann zu der Frage, ob man das Blech nicht mit Laserstrahlen bearbeiten könnte. Leider aber besitzt man keine Laserstrahlkanone, sondern müßte sie von den Amerikanern kaufen und dies hätte Nachteile: Man würde sich Mengen an Problemen einhandeln mit der Produkthaftung, Lieferzeiten, Einblicken in bestehende Systeme etc. und vor allem: letztlich würde man nur noch das Blech um die Laserkanone herum plazieren. Es würde dann nicht mehr lange dauern, bis das, was man Strukturwandel nennt, geschieht. Die Entwicklung eines eigenen Laserbearbeitungsverfahrens würde viel Geld kosten, aber dieses würde man möglicherweise ja noch zusammenbekommen. "Organische Diversifizierung" heißt jetzt, daß dieser Aufwand für eine solche Entwicklung nur dann sinnvoll ist, wenn das Unternehmen ein gesichertes Standbein besitzt, also in den Märkten für Feinwerktechnik wohl etabliert ist, und die Entwicklung, also Laser für die Blechbearbeitung, hier hinein erfolgen kann. Gelingt dies, kann die Laserentwicklung allmählich ausgegliedert werden und zu einer eigenen Firma führen, solange sie der Mutter nicht Konkurrenz macht. Dies ist kein theoretisches Beispiel sondern Praxis - und das Grundmuster wird in Baden-Württemberg strategisch umgesetzt. Ein zweites Beispiel: Bohrwerkzeuge kann man heute überall kaufen - in Pakistan wie in der Türkei, aber eben nicht in der Qualität wie in der Bundesrepublik, und diese Qualität muß auch sein, wenn die höheren deutschen Preise international durchgesetzt werden sollen. Das aber setzt voraus, daß man alle Anstrengungen im Oberflächenbereich unternimmt; nur kann der Mittelständler aus Kostengründen nicht den gesamten Bereich der Oberflächentechnik für sich vereinnahmen, sondern muß die neuen Technologien der Oberflächentechnik nutzen und entsprechende Tochterfirmen gründen, deren bester Kunde dann wieder das Mutterunternehmen ist. Also: Keine neuen Technologien erfinden, sondern nutzen. Ein drittes Beispiel: In Baden-Württemberg gibt es ein mittelständisches Unternehmen, das zuvor Kugelschreiberminen produzierte und heute Beschleunigungssensoren für Daimler-Benz herstellt. Beschleunigungssensoren gibt es schon lange, man mußte sie also nicht erst erfinden, aber das Unternehmen hatte einige gute Standbeine vor allem im Feinwerktechnik-Know-how und im Sondermaschinenbau, und nun hat es auch gelernt, wie man Sensoren herstellt, die mittlerweile einen beträchtlichen Umsatzanteil erreichen. Organische Diversifizierung heißt einfach ausgedrückt also: hinein mit der Technologie ins Standbein und dann wieder heraus! Dies hat natürlich die Implikation, daß die besten Chancen bei auf den Märkten wohl etablierten alten Firmen bestehen, denn nur diese haben auch die nötigen Standbeine für die Anwendung dieser Strategie aufzuweisen, aber sie müssen es auch verstehen zu diversifizieren. Jeder Erfinder weiß am Ende seines Lebens, daß die Quote der wirklich umgesetzten Produkterfindungen weit unter fünf Prozent liegt; eine vermeintlich gute Idee zu haben oder zu wissen, was Lasertechnologie ist, aber kein Geld und keine Erfahrung, geschweige denn Fertigung und Vertrieb zu haben, ist der beinahe sichere Weg in den Bankrott.

Der *dritte hier zu nennende Punkt* bezieht sich speziell auf die Fertigung, ist einigermaßen neu und in einer einfachen These faßbar, die da lautet: Die *Ausstattung einer Fertigung ist unabhängig von der Firmengröße.* Weil eben die Mikroelektronik und andere neue Technologien existieren, kann man Geräte auch in einem 200-Beschäftigten-Unternehmen nicht mehr fertigen wie anno dazumal - die Ausstattung muß dort qualitativ genauso wie bei Daimler-Benz sein. Eine dem Verfasser bekannte mittelständische Firma, die Bratofensteuerung herstellt, wäre längst aus dem Markt ausgeschieden, wenn sie nicht die modernsten Qualitätsssicherungssysteme voller Mikroelektronik verwenden würde. Anders gesagt: Man kann heute nicht mehr unterscheiden, ob der jeweilige Ingenieur aus einem Unternehmen mit 100 oder mit 10.000 Beschäftigten kommt; noch vor zehn, zwölf Jahren sind die Ingenieure nach dem Studienabschluß zu Siemens oder vergleichbaren Firmen gegangen, und der Diplomingenieur als selbständiger mittelständischer Unternehmer war eher die Ausnahme - heute ist er die Regel. Auch das ist Strukturwandel!

Ein *vierter und letzter Punkt* in diesem Abschnitt ist mehr allgemeinerer Natur. Strukturwandel äußert sich ja auch in der statistischen Zuordnung der Arbeitsplätze zu den Sektoren, und dann ist es nicht mehr weit zu der quasideterministischen These der unaufhaltsamen *Ausweitung der Dienstleistungsarbeitplätze*. Grundsätzlich scheint hier aus der Sicht des Verfassers der Verdacht auf einen Denkfehler nahezuliegen: Wenn man sagt, die Bundesrepublik würde sich zu einer Dienstleistungsgesellschaft hin entwickeln, dann geht damit auch ein Trend zur Informationsgesellschaft einher - und vor allem gegen letzteres ist auch gar nichts zu sagen. Nur kommt das Geld für die Nachfrage nach Dienstleistungen nicht aus der Notenpresse, sondern aus der wirtschaftlichen und industriellen Wertschöpfung, was sich ganz deutlich vor allem in den USA in der Expansion qualitativ hochwertiger, industrienaher Dienstleistungsarbeitsplätze zeigt - McDonald's ist hierfür gerade das unzutreffende Beispiel. Nutzt man also seine Qualitäten in der Fertigung professionell aus, so entsteht Wertschöpfung und daraus letztlich auch Nachfrage - dies ist der entscheidende Punkt; betrachtet man US-Daten, dann sieht man, daß der Anteil der Beschäftigten im Produzierenden Gewerbe seit 1950 von ca. 44 Prozent auf etwa 20 Prozent gefallen ist bei einem seit fünfzehn Jahren konstanten Anteil am wachsenden Bruttosozialprodukt - immer weniger Beschäftigte produzieren immer mehr, und vor allem auch deshalb steigt die Nachfrage nach Dienstleistungen, was allzu häufig in der Diskussion übersehen wird. Obwohl es auf der Hand liegt und ganz logisch ist, wird ebenso häufig übersehen, daß speziell durch das Denken in Systemen und die Integration von Dienstleistung und Produktion Dienstleistungsarbeitsplätze entstehen, und würde man dieses in den Statistiken entsprechend berücksichtigen, dann würde auch klar sein, daß die Dienstleistungsgesellschaft eben nicht der Prototyp einer McDonald's-Gesellschaft ist. Und eben auch aus diesem Grunde stimmt die These nicht, die Region Stuttgart würde zum Liverpool der neunziger Jahre werden mit all dem Maschinenbau und all den alten Strukturen. Natürlich werden Arbeitsplätze verlorengehen: Ein dem Verfasser bekanntes Unternehmen mit zwei- bis dreitausend Beschäftigten aus diesem Raum beispielsweise hat gar keine andere Chance als zu verlagern auf die sprichwörtliche "grüne Wiese", um innerhalb einer mittleren Frist zu gesunden - weil man auf den Märkten gut präsent ist und die Produktionstechnik dies hergibt. Als diese Liverpool-These seinerzeit erregt diskutiert wurde, schätzte man, daß ca. 30.000 Arbeitsplätze verloren gehen werden, was nach Auffassung des Verfassers nicht stimmte: Es werden 60.000 Arbeitsplätze verloren gehen, aber 70.000 neue entstehen, wenn man Fehler nach Kräften vermeidet. Die "alten" Technologien in traditionellen Industriegebieten sind dabei die besten Voraussetzungen: Expertensysteme in der Produktion kann man nun einmal nicht in der Sahara anwenden, sondern nur dort, wo beispielsweise schon ein Maschinenbau existiert, der diversifizieren muß. Und geht man in mittelständische Betriebe, betrachtet dort die CNC-Werkbänke und -Maschinen und fragt, ob es Probleme bei ihrer Einführung gegeben hat, dann ist die Antwort jedesmal negativ - keine Rede von zu komplizierten Systemen, wie Pessimisten zu vermuten meinten. Ganz offensichtlich ist die Integration von Maschinenbau und Elektronik hervorragend gelungen, und es besteht keinerlei Veranlassung anzunehmen, diese Erfolgsgeschichte würde ins Negative umschlagen - vorausgesetzt, man macht keine Fehler. Daß natürlich die Struktur der Arbeitsplätze im Maschinenbau heute ganz anders ist als vor zehn Jahren, ist evident, aber auch kein Anlaß zur Sorge - so wie Arbeitsplätze verloren wurden, so wurden auch neue geschaffen, wenn auch eben mit anderen Qualifikationsanforderungen.

Strukturwandel aus der Sicht der Unternehmen

Die *erste Frage*, die hier von Interesse ist, betrifft das *Verhältnis von Großunternehmen und unternehmerischem Mittelstand.* Man könnte ja einmal hypothetisch behaupten, daß der technologische Wandel kleine Firmen vom Markt fegt. Dies ist sicherlich in manchen Fällen so, und es gibt zweifelsohne Technologien, die nach hohen Stückzahlen verlangen - solche Technologien gehen dann unabänderlich in die kapitalintensive Großindustrie und für Klein- und Mittelindustrie ist dort dann nichts zu gewinnen. Sind also noch Chancen für den Mittelstand vorhanden? Natürlich ist dies eine rein rhetorische Frage: Je mehr automatisiert wird, je mehr großindustriell produziert wird, desto mehr wird ein Zulieferer aus technologischen Gründen mittelständisch sein, dies nicht nur von der Produktionsmenge her, sondern vor allem von der mittelstandsspezifischen Mischung aus Problemlösung/Produktion plus Dienstleistung! Dies haben auch, wen würde es wundern, die Japaner erkannt - sie wissen sehr genau, wo man im Schwarzwald Langdreh-Automaten einkaufen kann, und sie suchen diese spezifisch mittelständische Zulieferindustrie mit der Integration von Produktion und Dienstleistung. Dieser Zusammenhänge eingedenk würde der Verfasser behaupten, daß aus technologischer Sicht eine Volkswirtschaft dann am gesündesten ist, wenn sie eine "gute" Mischung von großen und mittelständischen Unternehmen aufzuweisen hat. Baden-Württemberg wurde in dieser Hinsicht vom Glück begünstigt - es gibt dort ebenso gute mittelständische Unternehmen wie Daimler-Benz, IBM, Bosch und SEL exzellente Großunternehmen sind. Und das ist ein klassischer Synergieeffekt: Dem einen geht es nur deshalb so gut, weil es den anderen gibt und sie sich beide zu einem stabilen Netz zusammenfügen. Hier existieren Vorteile gegenüber den Japanern aufgrund einer signifikanten Betriebsgrößenlücke, man kann auch "Unternehmerlücke" sagen, zwischen den Großunternehmen und dem typisch japanischen Heimarbeitersystem; andererseits aber haben die Japaner einen Vorteil dadurch, daß ihre Großunternehmen die Erzeugnisse ihres Heimarbeitersystems auch in den Export bringen - Stichwort "Mitsubishi-Pipelines". In der Bundesrepublik fehlt die dazu notwendige Größe des selbständigen Mittelstandes - Lothar Späth pflegt dazu zu sagen, daß der deutsche Mittelständler, der in China verkaufen will, dreimal dort gewesen ist und schließlich auch den richtigen Abteilungsleiter gefunden hat, sein Geld schon los ist. Dies ist sicherlich ein Problem und ein Nachteil, dennoch: Die deutschen mittelständischen Unternehmen sind die innovativsten der Welt!

Ein *zweiter wichtiger Aspekt* berührt das Problem der *Finanzierung*. Durch die Gutachtertätigkeit des Verfassers und durch eigene Entwicklungen ist mehr als evident, daß neue Technologien Geld kosten und zwar wesentlich mehr als früher; die Zeiten des Garagenerfinders im Stile eines Daniel Düsentrieb sind unwiederbringlich vorbei. Wenn heute eine Existenzgründung evaluiert, begutachtet und betreut wird, dann summieren sich die Investitionen schnell und regelmäßig auf einige Millionen DM - und dies bei ca. 200 Konzepten, die dem Technologiebeauftragten per anno vorgelegt werden. Speziell für den Mittelstand gibt es aber eine extrem kuriose Situation in der Bundesrepublik: Drastisch ausgedrückt gibt es Geld wie Heu, aber kein Kapital! Überall werden Millionen angeboten, es gibt extra Datenbanken dafür, aber es ist anscheinend unmöglich, dieses Geld in Richtung kleinerer Firmen zu kanalisieren. Es ist nicht auszuschließen, daß dies auch ein Effekt staatlicher Technologiepolitik ist, die dazu tendiert, private Finanzierung zu verdrängen - zumindest ist dies die dominierende Mentalität der Menschen mit Produkt- oder Verfahrensideeen, an den Staat als den größten Finanzier heranzutreten nach dem abgewandelten Heuss'schen Motto: Nun fördert mal schön! Die Enttäuschungen sind dann natürlich vorprogrammiert, wenn nur weniger als fünf Prozent aller Ideen vom Markt her gesehen wirklich etwas taugen und förderungswürdig sind. Trotzdem: Auch diese relativ geringe Quote bietet genug Substanz für eine insgesamt hohe Innovationsleistung.

Ein *dritter Aspekt* muß sich natürlich auch auf das *Besteuerungsproblem* beziehen. Nirgendwo sonst ist die Besteuerung der nichtentnommenen Gewinne so hoch wie in der Bundesrepublik, und ganz offensichtlich konterkariert dies in beträchtlichem Maße den politischen Willen, technologische Entwicklung und dabei im besonderen den Mittelstand zu fördern; die Folge ist, daß die Finanzierungsmittel letztlich zumindest zu einem gewissen Teil diesen Zwecken nicht zur Verfügung stehen. Dies ist nicht nur schade, sondern ein Kernproblem der weiteren Entwicklung - die mittelständischen Strukturen sind für die Bundesrepublik in ihrer Einzigartigkeit von überragender Bedeutung, und sie können nur erhalten bleiben, wenn private Mittel zur Verfügung stehen; staatliche Finanzierung kann und sollte diese Rolle nicht übernehmen. Was geschieht aber, wenn die Politik ihre Hausaufgaben nicht macht, was offensichtlich für den Besteuerungsbereich die richtige Diagnose ist? Der Markt läßt sich nicht einfach etwas befehlen - und wenn man sich in Baden-Württemberg umschaut, dann findet man viele mittlere Firmen mit schwäbischen Namen, die längst nicht mehr schwäbisch sind. Es ist nur zu hoffen, daß Großkonzerne, die solche mittleren Firmen aufkaufen, die Flexibilität und die spezifische Kultur dieser Firmen erhalten und nicht damit beginnen, das starre Korsett von Konzernrichtlinien auf diese Firmen zu übertragen - dies wäre dann der Anfang vom Ende eines für die Bundesrepublik segensreichen und einzigartigen wirtschaftsstrukturellen Vorteils. Es muß nicht besonders betont werden, daß man einen Familienbetrieb heute nicht mehr wie vor zwanzig Jahren führen und finanzieren kann - neue Formen müssen hier entwickelt werden, nur: Es wäre unsinnig und kontraproduktiv, das Schlechte aus der Großindustrie gegen das Gute des Mittelstandes auszutauschen.

Ein *vierter Aspekt* soll die *internationale Dimension* beleuchten. Es ist eine Binsenweisheit, daß die Marktanteile, die an den asiatischen Raum verloren wurden, auf einen gemeinsamen Effekt niedrigerer Löhne und immer stärkerer Automatisierung dort zurückzuführen sind; es ist andererseits aber auch völlig klar, daß die Wirtschaft der Bundesrepublik diese Marktanteile auf einfache Weise nicht zurückgewinnen kann - das ist von der Lohnseite her völlig ausgeschlossen, und so hoch kann man gar nicht automatisieren, um diese Nachteile auszugleichen. Der Ausweg aus diesem Dilemma kann nur in Individualisierung und intelligenten Problemlösungen liegen; der deutsche Maschinenbau hat dies durch die geglückte Diversifikation in die Elektronik in exzellenter Weise vorexerziert und seine internationale Stellung mehr als bestätigt. Genau dies ist das Feld, in dem sich die Wirtschaft der Bundesrepublik bewegen muß, und dann ergeben sich auch gute Exportchancen in den USA und auch in Asien. Aus Sicht des europäischen Marktes ergeben sich in bezug auf die Produkte für den deutschen Mittelstand nur wenig Probleme; von den Produkten her muß ohnehin schon international gedacht werden, und hohe FuE-Aufwendungen sowie schnelle FuE-Zyklen zwingen allemal dazu, nicht nur den schwäbischen oder den deutschen Markt im Blick zu haben, sondern international orientiert zu sein. Was aber für den Mittelstand ein neues Phänomen ist, ist die zunehmende Gründung von Tochterfirmen durch dynamische Mittelständler in anderen EG-Ländern, zum Beispiel in Portugal. Man wird innerhalb des EG-Binnenmarktes sowieso zu einer neuen Arbeitsteilung kommen müssen, und da liegt proaktives Verhalten auch des Mittelstandes auf der Hand, wenn man von dieser Veränderung der Arbeitsteilung profitieren will.

Ein *fünfter und letzter Aspekt* in diesem Abschnitt ist von besonderer Bedeutung: Der *Mittelständler muß lernen zu kooperieren* - und das ist nicht leicht, weil es in gewissem Maße "kulturwidrig" ist. Man stelle sich einen mittelständischen Unternehmer vor, der sein Produkt erfunden und entwickelt hat, praktisch alle Tätigkeiten in seinem Betrieb selbst ausführen kann - und dann kommen auf ihn neue Technologien zu, möglicherweise auch verbunden mit einem unerhörten Kapitalbedarf. Vor vierzig oder fünfzig Jahren wäre er wohl nach dem Motto verfahren: Was ich nicht kenne, kommt mir nicht ins Haus - und vermutlich hätte er mit dieser Strategie damals bei vergleichsweise statischer Umwelt auch Erfolg gehabt. Der Verfasser kann sich noch gut entsinnen, wie er vor Jahren zum ersten Mal einem mittelständischen Unternehmer eine Beteiligung anbot - dies galt als unanständig, und er wäre beinahe vor die Tür gesetzt worden. Leider ist dies in weiten Bereichen immer noch unanständig, und das muß man von der Kultur des Mittelständlers her verstehen: Es ist ja auch seine Stärke und sein Vorteil, einen unmittelbaren Bezug zu seinem Portemonnaie zu haben, und deshalb ist er auch der Unternehmertyp, der am meisten kämpfen kann - bis zur exzessiven Starrsinnigkeit, den Inhalt seines Portemonnaies mit keinem Kooperanden teilen und lieber untergehen zu wollen. Diese Art mittelständischer Rigidität ist aber offensichtlich in einem graduellen Auflösungsprozeß begriffen, eine Entwicklung hin zu Kooperation hat begonnen, aber das gescheite Maß von Kooperation zu finden, ist eben oftmals eine Gratwanderung, und von daher sind die Ängste des Mittelständlers durchaus verständlich. Es mag ausnahmsweise einmal gestattet sein, einen Witz vorzubringen, der den Kern des Problems trifft:

Es sagt die Henne zum Schwein: "Wir beide machen ein joint venture, wir machen eine Kooperation."
"Großartig", meint das Schwein, "und was machen wir denn?"
"Ham and Eggs", erwidert die Henne.
"Phantastisch", sagt das Schwein, stutzt und ruft: "Wie denn das - da gehe ich doch bei drauf!"
"Ja", erklärt die Henne, "bei einer Kooperation geht immer einer drauf!"

Kooperation ist eben speziell für die Mittelstandskultur eine Gratwanderung - eine selbständige Firma zu bleiben und trotzdem zu kooperieren; dies ist ein neues Element für den Mittelstand, hier muß er dazulernen und auch internationaler denken - in guten Firmen wird dies schon zunehmend praktiziert, in allzu vielen aber noch nicht.

Die Rolle des Staates im technologischen Wandel

Bevor in diesem Abschnitt speziell auf die Rolle des Staates im technologischen Wandel Bezug genommen wird, also auch auf die Technologiepolitik, soll kurz betrachtet werden, ob und wo überhaupt Anknüpfungspunkte für eine solche Staatstätigkeit existieren. Dies kann sehr kurz geschehen, denn von den Leistungsindikatoren einer Volkswirtschaft her steht die Bundesrepublik ausgezeichnet da - im Export Weltmeister und im Vergleich des Wohlstands in Ziffern des Bruttosozialprodukts pro Kopf weit, sehr weit noch vor den asiatischen Ländern wie Südkorea, Taiwan, Singapur etc., die manchem ja den Angstschweiß auf die Stirn treten lassen. Es könnte also schon Grund geben, sich zufrieden zurückzulehnen, das Gefährliche daran ist nur, daß diese exzellente Position heute ein Ergebnis der Entscheidungen von gestern ist; die eigentlich zu stellende Frage muß daher lauten: Was werden heute für Fehler gemacht, die in fünf oder zehn Jahren eine Rolle spielen werden? Auch dafür gibt es Hinweise und Indikatoren: Wenn man im OECD-Bereich insgesamt zwischen 1981 und 1987 einen Arbeitsplätzezuwachs von ca. sechs Prozent verzeichnen konnte, in der Bundesrepublik aber ein Prozent minus, dann liegt hier offensichtlich etwas im argen. Wenn im gleichen Zeitraum die Anlageinvestitionen in der Bundesrepublik um 3,4 Prozent gestiegen sind, in Japan aber um 27 Prozent und in den USA um 23 Prozent, dann lautet die Diagnose nicht nur auf Investitionsschwäche, sondern auch auf signifikante Vernachlässigung dessen, wovon die Deutschen morgen leben wollen - und was sind die heutigen Investitionen denn anderes?

Welche Rolle kann und sollte nun der Staat übernehmen, damit sich ein heutiges Defizit nicht in ein morgiges Problem auswächst - dies vor allem aus technologischer Sicht und im technologischen Bereich, in dem er ja eine immer stärkere Rolle spielt? Lothar Späth pflegt dazu grundsätzlich zu sagen: Man glaubt gar nicht, was alles ohne den Staat funktioniert; man könnte ähnlich drastisch hinzufügen: was trotz des Staates noch alles funktioniert! Aus der Sicht nicht nur des Verfassers ist es gerade für die Wirtschaft im Strukturwandel von äußerster Wichtigkeit, daß die Aufgabenverteilung zwischen Staat und Wirtschaft gut funktioniert - hier gibt es leider eine Menge an unsinnigem und hemmendem Mischmasch an Verantwortlichkeiten zu beobachten.

Im Grunde hat der Staat doch *drei Instrumente*, mit denen er aus technologischer Sicht operieren kann: Er kann *Richtlinien schaffen, Subventionen vergeben und Infrastruktur anbieten.*

Wendet man sich zunächst den Richtlinien zu, so ist staatliches Handeln hier zweifelsfrei suboptimal - es ist weder stabil noch langfristig ausgelegt. Ein aktuelles Beispiel dafür wäre ein Unternehmen im expandierenden Umweltschutzmarkt: Der Verfasser wüßte nicht zu sagen, wie hier langfristig investiert werden sollte, wenn sich die Vorgaben - hier ein Meßwert, dort eine Vorschrift - andauernd ändern; vielleicht ist ein Teil der starken Expansion auf diesem primär von staatlicher Regelung induzierten Markt auch ein Ergebnis sprunghafter Kurzfristigkeit staatlicher Instanzen und damit wohlstandsmäßig sinnloser Aufwand. Solche Instabilitäten und die mangelnde Langfristigkeit machen es für die Industrie schwierig zu investieren, aber auch die staatlicherseits grassierende Einzelregelungswut; ist in einem Antragsverfahren, überspitzt gesagt, ein Komma vergessen worden, bekommt der Unternehmer seinen Antrag zurück zwecks Bearbeitung und Neustellung. Man sollte aber keine vorschnellen Schuldzuweisungen treffen: Die Bürokraten sind häufig auch zu bedauern, denn vergessen sie einmal etwas zu regeln, so finden sich garantiert genügend Bürger, die bis zur letzten Instanz klagen - und das führt dann dazu, daß staatlicherseits auch die letzte Rundung des Bordsteins geregelt wird. Diese Überbürokratisierung ist eine Krux für die Wirtschaft; ihre totale Durchdringung mit Mikroprozessoren und all die technologischen Anpassungsleistungen würden kein Problem darstellen, wenn nur die Rahmenbedingungen stimmten - aber die Deutschen sind offensichtlich nicht souverän genug in der Regelung von Eigenständigkeiten. Wenn trotz aller dieser Restriktionen immer noch so gute Ergebnisse bei den Indikatoren der Wirtschaftsleistung wie der Produktivität erzielt werden, dann spricht dies im besonderen für die Qualität der deutschen Firmen und Unternehmer - nur: Das Ende der administrativen Fahnenstange ist jetzt erreicht!

Betrachtet man das zweite Instrument in Gestalt der *Subventionen* - und der Verfasser hat im Laufe der Jahre etliche Tausend Gutachten zu Subventionsanträgen geschrieben -, dann sollte auch hier ein Ende der Entwicklung erreicht sein; man kann die Subventionitis in der Einzelförderung nämlich auch zu weit treiben und reihenweise "Fußkranke" anziehen und so nur noch kontraproduktiv wirken - im übrigen sollte sich der Staat davon zurückhalten, sich auf diese Weise kurzfristig beliebt zu machen, denn beliebt zu sein, ist nicht seine Aufgabe, ganz abgesehen davon, daß der kluge Unternehmer auf ein staatliches Lockangebot von zehn Prozent Investitionszuschuß hin niemals dorthin marschiert, wo ihn der Staat gern haben möchte, es sei denn, es wäre sowieso seine Absicht gewesen. Dies soll natürlich nicht heißen, daß die Bundesrepublik auf Subventionsvergabe völlig verzichten könnte oder sollte - alle wesentlichen Konkurrenten auf dem Weltmarkt subventionieren und das vielfach in weit extremerer Form als die Bundesrepublik; es wäre auch ein unverzeihlicher Fehler, beispielsweise im Bereich des Megachips auf Subventionierung zu verzichten - die Devise kann hier nur heißen: koste es, was es wolle, denn wenn Europa hier nicht alle Anstrengungen unternimmt, speziell die Bundesrepublik, dann kann man sich alle weiteren Diskussionen über internationale Wettbewerbsfähigkeit ersparen. Die Subventionspolitik im technologiepolitischen Bereich ist also im Normalfall auch eine Art Gratwanderung - es kann nicht pauschal heißen, auf Subventionen völlig zu verzichten, es muß aber auch heißen, die Wirtschaft noch selbständig marschieren zu lassen und das Marschziel nicht künstlich zu verändern. In Baden-Württemberg ist dies erkannt worden, und es ist gelungen, den Subventionszug zu stoppen und mittlerweile auch in der Richtung umzukehren, und dies nach der Devise: Was es nicht gibt, ist Geld - was es gibt, ist Infrastruktur.

Das dritte staatliche Instrument von Interesse in diesem Kontext ist also die *technologische Infrastruktur*, zweckmäßigerweise unterteilt in *Grundlagenforschung und anwendungsorientierte Forschung sowie Technologietransfer*.

In bezug auf die Grundlagenforschung ist Baden-Württemberg in einer äußerst vorteilhaften Position, denn es hat die größte Forschungsdichte und darüber hinaus einige herausragende Kontrapunkte gesetzt; die Entwicklung der Universität Ulm ist ein exzellentes Beispiel für eine bewußt gestaltete Dynamik in der Grundlagenforschung mit der Gründung eines Instituts nach dem anderen, wobei - und darauf muß explizit hingewiesen werden - die Forschungsergebnisse dort keineswegs schon in der nächsten Zeit mittelständisch umgesetzt werden können. Aber es lohnt sich gerade zum heutigen Zeitpunkt, in die Grundlagenforschung zu investieren, und es macht keinen Sinn, kleinmütig auf absehbar umsetzbare Ergebnisse fixiert zu sein, denn Grundlagenforschung ist Vorsorge für die Zukunft - und da diese weithin unbekannt ist, muß auch die Vorsorge breit angelegt sein. In der Förderung der Grundlagenforschung, die ja nicht direkt zu einem meßbaren Pay-off führt, muß man besonders kreativ sein und notfalls auch einmal Konflikte mit der Haushaltsordnung riskieren: Der Verfasser war in der Begleitung von Ministerpräsident Späth, als der größte Rechner der Welt für achtzig Millionen Mark für Baden-Württemberg gekauft wurde - und er war auch dabei, als es anschließend um den Nachweis ging, daß dieser Großrechner gebraucht würde; man kann ruhig zugeben, daß selten so viel Überflüssiges geschrieben wurde wie damals, um nachzuweisen, was man alles machen muß und was er alles kann - aber dies alles ist nicht wichtig, denn für die Grundlagenforschung speziell muß man sich etwas einfallen lassen. Es ist überflüssig zu betonen, daß der Rechner nach einem Jahr schon ausgebucht war. Man würde also den größten Fehler überhaupt machen, wenn man die Grundlagenforschung gering bewerten würde; in Baden-Württemberg als beinahe letztem Zahler im Länderfinanzausgleich und ein wenig abgekoppelt von Bonn, das verständlicherweise die ganze Republik im Auge haben muß, wird gewissermaßen auf eigene Kosten jede, auch gegen andere Interessen verfügbare Deutsche Mark der Grundlagenforschung gewidmet, um ja in diesem Bereich den Anschluß nicht zu verlieren und, wenn möglich, an der Spitze zu sein - diese Saat von heute wird die Ernte von morgen sein.

Der zweite wichtige Punkt in diesem Kontext ist die *anwendungsorientierte Forschung* und der *Technologietransfer*. Das Management dieses Bereichs in Baden-Württemberg ist die Aufgabe des Verfassers als Technologiebeauftragter, und diese Aufgabe beruht auf einer ganz simplen Idee. Das Land Baden-Württemberg gibt pro Jahr ca. 3,5 Milliarden Mark für Forschung, Entwicklung und Ausbildung aus - die Frage, die sich stellte, war, wie man einen Teil dessen wieder der Wirtschaft zugute kommen lassen, also gewissermaßen zurücktransferieren könnte. Im Kern ging es also darum, die reiche Forschungsinfrastruktur in Baden-Württemberg den Unternehmen, und dabei vor allem den kleineren und mittleren, erfolgreich und zu ihrem Nutzen nahezubringen. Wie kann man so etwas auf den Weg bringen? Nun ist der Ministerpräsident dieses Landes in besonderem Maße für unkonventionelle Lösungen bekannt, und eine solche war auch hier erfolgreich. Man war sich zunächst einmal darüber im Klaren, daß man die personelle Komponente der Forschungsinfrastruktur, die Professoren und Institutsleiter, nicht einfach mit der Wirtschaft in Kontakt treten und reden lassen kann - ob Kommunikation hier überhaupt funktionieren würde, war sehr fraglich, ob gerade die richtigen Personen miteinander reden würden höchst unsicher, Doppelarbeit wäre nicht zu vermeiden usw. usf. Ebenso klar war aber auch, daß bei allen Meriten der deutschen Bürokratie, die man immer erst so richtig schätzen lernt, wenn man von längeren Auslandsreisen zurückkehrt, eine bürokratische Lösung ein Fehlschlag gewesen wäre - Bürokraten haben eben die fatale Eigenschaft, die Wirtschaft gleich mitorganisieren zu wollen; der Verfasser als langjähriger Rektor einer Hochschule kann ein Lied davon singen, was staatliche Rechnung bedeutet, und notfalls auch einen Choral, daß mit bürokratischem Verhalten in der Wirtschaft nun wirklich kein Staat zu machen ist. Diese beiden Erkenntnisse sind die Hauptpunkte, die man bei einer Lösung dieses Problems im Blick haben muß - und die in den meisten Ländern mit vergleichbaren Zielen nicht entsprechend beachtet werden.

Die baden-württembergische Lösung bestand in der Institutionalisierung eines Regierungsbeauftragten, die zugegebenerweise auch ein wenig auf die Person des Verfassers zugeschnitten war: überall mitmischen und überall hineinsehen, aber das Geld in der Wirtschaft verdienen. So wurde etwas ein wenig Schizophrenes, das es nach den Regeln des öffentlichen Rechts eigentlich nicht geben darf, aber auch etwas höchst Erfolgreiches geschaffen: ein Regierungsbeauftragter mit hoheitlichen Funktionen und ein Vorsitzender einer privatrechtlichen Einrichtung in einer Person. Diese Konstruktion diente vor allem einem Ziel: der Abwehr der Bürokratie und des Staates. Wenn man wie der Verfasser in über dreißig Wirtschafts- und Wissenschaftsgremien Mitglied ist, dann hat man das Grundmuster des Staatseinflusses schnell erkannt, und es reproduziert sich immer wieder von neuem: Ein Technologe oder ein Professor hat eine Idee, es kommt der Staat und bietet Geld, das er natürlich dankbar akzeptiert, denn selbstverständlich hat er eine Finanzierungslücke - und am nächsten Tag steht jemand vom Ministerium auf der Schwelle und sagt: Ich bin im Boot! Ab dann bestimmt der Bürokrat, wo es lang geht, wie einzustellen ist usw. - und es setzt ein stetes Beten ein, daß er doch endlich wegbefördert werde, was aber natürlich nichts hilft, denn es kommt ein neuer. Der Kernpunkt ist: Nimmt man als Unternehmer auch nur eine Mark vom Staat, hat man die Bürokratie im Haus. Das spricht überhaupt nicht gegen den Staat, denn dies ist wohl auch seine Aufgabe, wenn er schon Geld gibt, er ist ja auch häufig gar nicht so engstirnig und hat Pläne und Ideen, nur: Er will eben fortwährend alles fest im Griff behalten - und so kann man Aufgaben in der Wirtschaft nicht lösen. Deshalb wurde die Konstruktion des Regierungsbeauftragten und gleichzeitig Vorsitzenden einer Stiftung gewählt - gegen alle Widerstände, denn natürlich sind dicke Ordner voll von Anfragen und Landtagsprotokollen nachlesbar, weil der Ministerpräsident gerade diese Konstruktion durchsetzte und die Steinbeis-Stiftung über die Landeskreditbank mit 28 Millionen Mark Stiftungskapital ausstattete. Der Stiftung bringt dieses Kapital Erträge von ca. zwei Millionen Mark pro Jahr; das ist nicht viel, aber der Vorsitzende und Verfasser ist stolz darauf, keine Mark institutioneller Förderung in Anspruch zu nehmen, und die personelle Ausstattung mit zwölf Stellen ist stets dieselbe geblieben. Aber im Jahre 1988 haben 1.500 Menschen für die Stiftung gearbeitet, die alle privat finanziert wurden. Die Devise ist: Wenn die Stiftung gute Arbeit leistet, dann finanziert die Wirtschaft diese auch; man kann sich jede Studie über die Effizienz des Technologietransfers ersparen, wenn die Wirtschaft nicht dafür zahlt - und das ist der Kardinalfehler, der allzu häufig begangen wird. Es kann doch kein sinnvoller Technologietransfer sein, wenn sich ein Mensch mit einer Idee Finanzierung vom Bundesministerium für Forschung und Technologie besorgt und zu einem Unternehmer geht mit der Forderung, diese zu realisieren - in aller Regel nutzt dies dem Unternehmen nichts, aber der Mensch mit der Idee lebt ganz gut davon. Der umgekehrte Weg ist der richtige: die Mitarbeiter der Stiftung gehen auf die Unternehmen zu und bieten spezifische technologische Kenntnisse an, die für das Unternehmen von Nutzen sind oder sein können - und dafür zahlt das Unternehmen dann auch. Auf diese Weise nahm die Stiftung im Jahre 1988 ca. 40 Millionen Mark von der Industrie ein, aber keine Mark vom Staat; wo und wie das Geld eingesetzt wird, wird im Kontakt von Stiftung und Wirtschaft entschieden, auf jeden Fall - und das ist der Kernpunkt - von keinem Bürokraten. So ist es auch möglich, die richtigen Personen heranzuziehen und zu motivieren - zur Zeit arbeiten 80 Institute und 650 Professoren für die Stiftung; wichtig ist allerdings, daß nie ein Gehalt gezahlt wird, denn es werden ausschließlich Zuschüsse vergeben an Personen, bestehende Institute oder an Neugründungen, von denen jeden Monat eine neue auf diese Weise initiiert wird. Ebenso wichtig ist, daß die von der Stiftung getragenen oder initiierten Entwicklungen den Spielregeln genügen, also Sicherung der Geheimhaltung, Fertigstellung zu fixiertem Termin und zu fixierten Kosten; Finanzierung von Vorlaufforschung ist ausgeschlossen und Sache der Hochschulen - ein Unternehmer muß mit einer Neuentwicklung auf der nächsten Messe auftreten, jedes "vielleicht" ist unzumutbar und ein Verstoß gegen die Geschäftsgrundlage.

Diese Konstruktion war in Baden-Württemberg überaus erfolgreich und die Steigerungsraten sind beeindruckend, was die Akzeptanz der täglichen Arbeit in der Wirtschaft bestätigt; es ist ein ehrliches Geschäft von do ut des und vor allem nicht die Eröffnung einer neuen Quelle für Subventionssucher. Problematisch für den Regierungsbeauftragten war allein, daß er qua Amt auch für die Gutachten zu Subventionsanträgen zuständig ist, und es war zunächst nicht ganz einfach, immer und überall abzuwägen, ob bei den beantragten Subventionsprojekten auch wirtschaftlich gedacht wurde. Zwischenzeitlich scheint dies aber gelungen zu sein, und mit dieser Kopplung ist ein äußerst starkes Instrument gegeben, technologischen Fortschritt kräftig und schnell umschlagen zu können - vor allem zum Wohle kleiner und mittlerer Unternehmen, die sich eine eigene Entwicklungsabteilung (noch) nicht leisten können.

Die Rolle des Menschen im technologischen Wandel

Insbesondere *drei Aspekte*, die gerade auch in technologischer Sicht wichtig sind, müssen unter dieser Überschrift besondere Beachtung finden: der *Wettbewerb über Köpfe*, die *Warnung vor isoliertem technologischem Denken* und die *Gesamteinstellung zur Technik.*

Es steht völlig außer Frage, daß die Qualität einer Problemlösung signifikant mit der Qualität der Problemlöser verbunden ist; die zukünftige Position der Bundesrepublik wird sich vornehmlich danach bestimmen, wie sie im *Wettbewerb über Know-how, über Köpfe und nicht über Kilo* bestehen kann, und dementsprechend ist Investition in Köpfe der beste Garant für Wettbewerbsfähigkeit. Ohne Zweifel hat die Bundesrepublik ein gutes Ausbildungssystem vorzuweisen, woran es aber noch in großem Maße hapert, ist die Qualität des Weiterbildungssystems. Und dies liegt fast ausschließlich daran, daß es von einer ausgeprägten Subventionsmentalität beherrscht wird; es ist überaus erstaunlich, wer hier alles um Weiterbildungssubventionen einkommt, und das ist langfristig schlecht für die deutsche Wirtschaft. Wenn es beispielsweise um Weiterbildungsmaßnahmen im CAD-Bereich geht, und der Unternehmer sieht sich einem subventionierten Angebot auf der einen Seite und einem nicht subventionierten, dreimal so teuren, aber auch dreimal so guten Angebot auf der anderen Seite gegenüber, dann ist es einigermaßen wahrscheinlich, daß er seine Mitarbeiter dorthin schickt, wo er soviel weniger zahlen muß - und möglicherweise kommt es eben deshalb nicht zur Innovation. Das Problem sind also die durch Subventionierung institutionalisierten, gewissermaßen "hauptamtlichen" Weiterbilder anstelle eines Wettbewerbs in der Weiterbildung nach marktwirtschaftlichen Grundsätzen. Da aber Weiterbildung ein zu wichtiger Faktor für die Zukunft der deutschen Wirtschaft ist, kann man über solche Fehlentwicklungen nicht einfach hinwegsehen; wenn die Unternehmen mit unverzerrten Preisen konfrontiert würden, bestünde auch die Gewißheit, daß sie die qualitativ richtige Entscheidung treffen - und dies ist nur dann gegeben, wenn man subventionsfrei mit der Weiterbildung im Wettbewerb gutes Geld verdienen kann.

Der *zweite Punkt* ist auch eine *Warnung an die Techniker, ihre Leistungen auf keinen Fall zu verabsolutieren*. Dadurch, daß sie bei immer komplizierter und komplexer werdenden technischen Systemen im wirtschaftlichen und gesellschaftlichen Kompetenzrang permanent aufsteigen, ist auch die Gefahr gegeben, daß ihre Ratschläge von den Unternehmen, vornehmlich des Mittelstandes, überbewertet werden. Natürlich gibt es Technologie-Freaks und auch die Steinbeis-Stiftung ist nicht frei von Exemplaren dieser Gattung, aber es wäre kontraproduktiv, einen Mittelständler von ihnen beraten zu lassen: Der erste Besuch würde mit der Feststellung enden, daß seine Anlagen purer Schrott sind, worauf der einige Millionen investiert; beim zweiten Besuch kommt der Technologie-Freak gerade aus den USA zurück, betrachtet die Investitionen abschätzig und plädiert abermals für "alles neu". So geht das natürlich nicht, denn das wichtigste, was man von Marketingexperten lernen kann, ist, daß der Köder den Fisch gefangen haben muß und nicht der Angler; eine Investition muß man eben nicht nur technologieorientiert, sondern auch marktorientiert vornehmen. Es muß nicht immer die gerade beste Technologie sein, aber es muß die gerade bestverkaufbare Technologie sein; dies ist ein Teil des Erfolgsgeheimnisses der Japaner, die lange Jahre nach der Devise verfahren sind: Laß die anderen High-Tech machen, wir machen das, was verkaufbar ist. Quintessenz: Technologie ist nicht alles, und der Techniker kann guten Gewissens nicht alles das realisieren wollen, was ihm als Techniker gefällt - dieses Bewußtsein ist wichtig, um seine Rolle auf das adäquate wirtschaftliche und gesellschaftliche Maß zu reduzieren.

Letztlich: Überaus wichtig für die weitere Entwicklung ist die *Einstellung zur Technik* in der Bevölkerung: Akzeptanzfragen sind zwar ein anderes Thema, aber es scheint doch so, daß die Tendenz des Akzeptanzverlusts der Technik in der Bundesrepublik nachgelassen hätte - zumindest kann man im akademischen Bereich beobachten, daß die Zahl der Doktorarbeiten darüber, was alles nicht funktioniert, deutlich nachläßt. Es gibt also einigen Grund zum Optimismus: Die Bundesrepublik hat gute Ressourcen und gute Voraussetzungen, sie in Erfolge umzusetzen. In Baden-Württemberg jedenfalls gilt die Devise: Wo die anderen jammern, wird hier geschaffen.

Gibt es eine bessere Voraussetzung für Erfolg?

Der Standort Bundesrepublik: Die Sicht der Wirtschaft

Arnold Willemsen

Standpunkte

Für den SPIEGEL ist die etwa seit Beginn des Jahres 1987 laufende Standortdiskussion eine reine Propagandashow der Unternehmer, um kräftige steuerliche Entlastungen für Unternehmen durchzusetzen. In die gleiche Kerbe schlägt der Deutsche Gewerkschaftsbund, wenn er dem Standort Bundesrepublik eine "erlesene Qualität" bescheinigt - eine Behauptung, die als in sich widersprüchlich angesehen werden muß, weil der DGB gleichzeitig den in der Tat unerträglich hohen Sockel einer Arbeitslosenquote von rund 8,7 Prozent beklagt. Wenn ca. zwei Millionen Menschen in einem Land mit einer Gesamtzahl an arbeitsfähigen Personen von rund 28 Millionen (Erwerbstätige und Arbeitslose) vergebens Arbeit suchen, dann kann es sich wohl kaum um einen "erlesenen" Standort handeln.

Auf den ersten Blick ist man allerdings geneigt, SPIEGEL und Gewerkschaften Recht zu geben, wenn man einige aktuelle Wirtschaftsdaten zu Beginn des Jahres 1989 betrachtet:

- 1988 war die stärkste Aufschwungphase seit 1979 mit einem realen Wachstum des Bruttosozialprodukts (BSP) von 3,4 Prozent (1987: + 1,8 Prozent)

- Die Kapazitätsauslastung in der Industrie war so hoch wie seit 1973 nicht mehr.

- Die Exporte wuchsen 1988 um 5,1 Prozent.

- Der Handelsbilanzüberschuß betrug 128 Milliarden Mark nach 117 Milliarden Mark in 1987.

- Die Ausrüstungsinvestionen wuchsen um 6,6 Prozent nach 4 Prozent in 1987.

- Die Bauinvestitionen stiegen raketengleich um 4,5 Prozent nach nur 0,2 Prozent in 1987.

- Auch am Arbeitsmarkt ging die gute Konjunktur nicht vorbei; die Zahl der Beschäftigten wuchs um 175.000.

Bei diesem schönen Bild muß man sich allerdings auch vor Augen halten, daß die Bundesrepublik 1986/87 einen "Terms-of-trade"-Effekt von ca. 70 Milliarden Mark durch aufwertungsbedingte Verbilligung von Vorleistungen und Rohstoffen verzeichnen konnte.

Wo Licht ist ...

Nun ist nicht zu bestreiten, daß die Bundesrepublik eine Reihe von *Standortvorteilen* vorzuweisen hat, die sie zu einer der stärksten Industrienationen der Welt gemacht haben. Hierzu gehören unter anderem ohne Zweifel:

- das hervorragende duale *Berufsbildungssystem*, um das uns fast alle anderen Industrienationen beneiden.

- Dadurch bedingt existiert hier ein im internationalen Vergleich ganz überdurchschnittliches *Qualifikationsniveau* der Arbeitnehmer.

- Auf der Habenseite ist auch die große *politische Stabilität* und der ausgeprägte Wille zum *sozialen Konsens* zu buchen. Dies schlägt sich zwar zum Beispiel in einer ausgesprochen geringen Streikrate nieder, andererseits ist aber nicht zu übersehen, daß ein übertriebenes Konsensdenken verkrusteten Strukturen eine große Chance gibt, sich in einem ausgeprägten Sicherheits- und Anspruchsdenken niederzuschlagen, die das Anpassungsvermögen an neue Entwicklungen erheblich herabsetzen.

- Die deutsche Wirtschaft investiert in *Forschung und Entwicklung, in Bildung und Umweltschutz* mehr als jede andere Nation - von 1975 bis 1987 rund 135 Milliarden Mark - und nimmt damit unter allen Industrieländern weltweit eine Spitzenstellung ein.

Sind die von der Wirtschaft artikulierten Befürchtungen um den Standort Bundesrepublik damit als falsch entlarvt? Haben SPIEGEL und DGB somit Recht? Die Wirtschaft und ihre Verbände meinen nein. In der Standortdiskussion geht es letztlich um die Frage, wer im *zukünftigen Wettbewerb* um Investitionen und Arbeitsplätze die Nase vorn hat. Es kommt nicht nur auf die eigenen Leistungen an, sondern vor allem auch auf die Leistungen derjenigen, mit denen man im Wettbewerb steht.

... ist auch Schatten

Im internationalen Vergleich gibt es einige Indikatoren, die darauf hinweisen, daß der Standort Bundesrepublik *nicht mehr die Präferenz* genießt, die man ihm nach den eben genannten Zahlen möglicherweise zuzubilligen geneigt ist.

In den fünfziger Jahren verzeichnete die Bundesrepublik Deutschland zweistellige *Wachstumsraten* des Bruttosozialprodukts. Seit den achtziger Jahren sind diese auf zwei Prozent pro Jahr abgesunken. Seit 1981 liegt die Bundesrepublik im realen Wachstum des BSP unter dem Durchschnitt der OECD-Länder, woran sich auch durch die günstigen Zahlen des Jahres 1988 nichts geändert hat.

Bei den privaten *Ausrüstungsinvestitionen*, die entscheidend sind für die Zahl der Arbeitsplätze, zeigt die Bundesrepublik die schwächste Investitionsdynamik aller westlichen Industrieländer. Zwischen 1983 und 1987 waren es ca. 4,3 Prozent Wachstum pro Jahr, während es in Japan 9,5 Prozent, in den Niederlanden 9,4 Prozent, in Großbritannien 5,5 Prozent und in Spanien 5,3 Prozent waren.

Zu Bedenken Anlaß gibt auch die Entwicklung der *Direktinvestitionen* ausländischer Unternehmen in der Bundesrepublik und deutscher Unternehmen im Ausland. Während in den letzten zehn Jahren eine kräftige Zunahme der deutschen Direktinvestitionen im Ausland zu verzeichnen ist, gehen die ausländischen Direktinvestitionen in der Bundesrepublik stetig zurück, so daß in den letzten Jahren ein wachsender negativer Saldo auftrat. Sicherlich ist hierbei zu berücksichtigen, daß die hohen Exporte deutscher Unternehmen auch hohe Auslandsinvestitionen nach sich ziehen. Auf der anderen Seite steht aber fest, daß in zunehmendem Umfang diejenigen, die im Hinblick auf die Vollendung des Binnenmarktes in der EG investieren, einen Bogen um die Bundesrepublik schlagen.

Aus alledem ist der Schluß zu ziehen, daß die Rahmenbedingungen in der Bundesrepublik für Investitionen nicht mehr so attraktiv sind wie in anderen Ländern. Ist diese Diagnose aber richtig, und daran scheinen kaum Zweifel möglich zu sein, so muß dies erhebliche Auswirkungen für die zukünftige wirtschaftliche Entwicklung haben.

Mit dieser eher resignativen Feststellung kann sich aber die Politik nicht zufrieden geben. Vielmehr ist zu fragen, was die *Gründe* für die beschriebene Entwicklung sind, und welche *Änderungen* notwendig sind, um ein anderes Ergebnis zu erzielen.

Die Faktoren, die einen Standort für Investitionen geeignet oder ungeeignet machen, sind natürlich vielfältiger Art. Viele entziehen sich auch dem rational Erfaßbaren, zum Beispiel Einschätzungen der Sicherheitslage oder Einschätzungen von Stimmungen, die sich im Wahlverhalten ausdrükken. Aus der Sicht der Wirtschaft sind vor allem *drei Schwerpunkte* zu nennen, die in der Beurteilung des Standorts Bundesrepublik eine entscheidende Rolle spielen.

Arbeitskosten

Ein erster zu diskutierender Schwerpunkt sind die *Arbeitskosten*: Eine Arbeiterstunde in der Verarbeitenden Industrie kostete 1987 in der Bundesrepublik 32,67 Mark. Höhere Arbeitskosten registrierte auf DM-Basis lediglich die Schweiz. Die Lohnzusatzkosten stiegen in den letzten 15 Jahren mit jahresdurchschnittlich 9,5 Prozent erheblich schneller als die reinen Stundenlöhne. In der Lohnzusatzkostenquote (Prozent des Entgelts für geleistete Arbeit) liegt die deutsche Wirtschaft mit ca. 85 Prozent deutlich über dem internationalen Durchschnitt; in großen Industriebranchen wie etwa der Automobilindustrie liegt sie mittlerweile bei über 100 Prozent.

Natürlich weiß jeder, daß internationale Arbeitskostenvergleiche immer Wechselkurseinflüssen unterliegen. Wichtiger noch erscheint deshalb die Betrachtung, wie sich in der Bunderepublik *Arbeitskosten und Produktivität* relativ zueinander entwickelt haben. Bekanntlich können Länder mit großem Produktivitätsfortschritt einen dynamischen Lohnanstieg verkraften, ohne im internationalen Wettbewerb an Boden zu verlieren. Leider liefert nun der Produktivitätsvergleich für die Bundesrepublik kein günstiges Resultat: Unter den wichtigsten westlichen Industrieländern verbuchte die

Bundesrepublik in den achtziger Jahren den zweitniedrigsten Produktivitätszuwachs. Nur für Italien errechnet sich eine noch geringere Produktivitätsdynamik.

Bei der Zusammenschau von Produktivitäts- und Arbeitskostenentwicklung schneiden vor allem die USA und Japan außerordentlich günstig ab. Beide Länder hatten in der Vergangenheit einen deutlich niedrigeren Arbeitskostenanstieg bei gleichzeitig höherer Produktivitätsdynamik aufzuweisen; entsprechend stiegen die Lohnstückkosten erheblich langsamer als in der Bundesrepublik. Gleiches gilt auch für Großbritannien und Frankreich.

Es erscheint deshalb zukünftig außerordentlich wichtig, gerade den Produktivitätsaspekt zu betonen. Die Bundesrepublik *muß* im Produktivitätswachstum international wieder vorne liegen, nur so können für alle Beteiligten die Verteilungsspielräume erweitert werden.

Weitere Schwerpunkte bei der Beurteilung des Standortes Bundesrepublik sind im Bereich der *Energiekosten* und des *Umweltschutzes* zu sehen.

Energie- und Umweltschutzkosten

Ohne Zweifel stellen die *Energiekosten* für die deutsche Industrie eine strategische Schlüsselgröße dar. Dies gilt insbesondere für Branchen, die ohnehin schon einem starken Strukturwandel unterworfen sind. Teilbereiche der inländischen Produktion wie etwa die Aluminiumerzeugung sind aufgrund der hohen Energiekosten bereits gänzlich aus der Bundesrepublik verschwunden.

Im internationalen Vergleich hat vermutlich nur noch Japan ein höheres Strompreisniveau als die Bundesrepublik. In wichtigen Konkurrenzländern wie USA, Frankreich und Großbritannien liegen die Elektrizitätspreise je Kilowattstunde um bis zu drei Pfennig unter dem deutschen Niveau. Im Vergleich zum wichtigsten deutschen Handelspartner, Frankreich, beträgt die Strompreisdifferenz im Durchschnitt sogar fünf Pfennig pro Kilowattstunde. Bei einem industriellen Stromverbrauch von etwa 180 Mrd. kWh/Jahr hat die deutsche Industrie im Vergleich zu Frankreich einen strompreisbedingten Standortnachteil von rund neun Milliarden Mark pro Jahr zu verkraften. Dies sind unbestreitbare Tatsachen.

Die Strompreisdifferenz zu Frankreich kommt im übrigen zu einem großen Teil dadurch zustande, daß die Bundesrepublik im internationalen Vergleich die wohl höchsten Auflagen bei der Entstickung und Entschwefelung hat. Dies gilt in der Bundesrepublik nicht nur bei der Energieproduktion. Es fällt nicht schwer, eine ganze Reihe von Industriebereichen zu nennen, die mehr als doppelt so hohe *Umweltschutzkosten* zu tragen haben wie die konkurrierenden Unternehmen im Ausland.

Selbstverständlich hat die deutsche Industrie ein fundamentales Interesse an einer gesunden Umwelt, an intakten Lebens- und Produktionsgrundlagen. Die Industrie hat in den letzten 16 Jahren 140 Milliarden Mark nur für diese Zwecke ausgegeben. Zusammen mit den außerordentlich hohen Ausgaben für die Umweltforschung wird man vermutlich in der gesamten westlichen Welt, von der östlichen gar nicht zu reden, kein anderes Land finden, daß einen so hohen Anteil am Bruttosozialprodukt für Umweltschutzinvestitionen zur Verfügung stellt.

Dennoch aber darf die Vorreiterrolle der deutschen Industrie im Umweltschutz nicht dazu führen, daß die Bundesrepublik als industrieller Standort ins Abseits gedrängt wird. Ein gutes Beispiel ist die deutsche chemische Industrie: Der neuen Störfallverordnung werden statt bisher 800 Betriebe in Zukunft 5.000 chemische Betriebe in der Bundesrepublik unterliegen, hinzu kommen annähernd 2.000 Gesetze und Verordnungen, die allein die chemische Industrie in der Bundesrepublik in ihren Produktionsprozessen regeln. Dabei ist noch gar nicht vom geplanten Umwelthaftungs- und Umweltstrafrecht, das eine völlig neue Dimension im Umweltschutz darstellt, die Rede; es ist auch noch nicht von der Gentechnologie, wo die rechtliche Situation im Ausland einfach übersichtlicher, klarer und für die Unternehmen verläßlicher ist, die Rede.

Ob dieser spezifische umweltpolitische Regulierungsstil, ob ein solches Netz von Umweltschutzvorschriften geeignet ist, das Eigeninteresse der Unternehmen an besserem Umweltschutz zu stärken und die zeitlichen, technischen und wirtschaftlichen Spielräume der Unternehmen zu erweitern, oder ob es die Entscheidung über eine Verlagerung ins Ausland erleichtert - das ist eine gar nicht so offene Frage.

In der "Hochgebirgslandschaft" der Bundesrepublik beim Produktionskostenniveau - genannt wurden bisher schwerpunktmäßig die Arbeitskosten und die Energie- und Umweltkosten - gibt es nun einen weiteren "Kostengipfel", nämlich die *Unternehmensbesteuerung* als dritter Schwerpunkt der Beurteilung des Standorts Bundesrepublik.

Unternehmensbesteuerung

Die Unternehmenserträge unterliegen in der Bundesrepublik Deutschland einer *steuerlichen Gesamtbelastung*, die bei thesaurierten Gewinnen 70 v.H. erreicht. Damit werden Unternehmenserträge höher besteuert als sonstige Einkommen, zum Beispiel aus Kapitalvermögen, Arbeitnehmertätigkeit usw. Der Grund dafür ist, daß nur von Unternehmen Gewerbesteuer erhoben wird und im wesentlichen nur bei Unternehmen Vermögensteuer anfällt. Auch beispielsweise im Bereich der Veräußerungseinkünfte wird das Betriebsvermögen diskriminiert. Veräußerungseinkünfte des Privatvermögens sind mit Ausnahme der Einkünfte aus Spekulationsgeschäften und der Gewinne aus der Veräußerung wesentlicher Beteiligungen an Kapitalgesellschaften steuerfrei. Demgegenüber unterliegt jede Vermögensmehrung im betrieblichen Bereich grundsätzlich der ungemilderten Einkommen- oder Körperschaftsteuer sowie der Zusatzbelastung mit Gewerbesteuer.

Durch derartige Besonderheiten privilegiert das deutsche Steuerrecht das Privatvermögen und erzeugt dadurch einen beachtlichen Steueroaseneffekt. Zahlreiche Steuergestaltungsmodelle belegen die Sogwirkung weg vom sogenannten Risikokapital.

Ein weiterer Strukturfehler des deutschen Steuerrechts liegt in der Existenz und dem hohen Gewicht der *ertragsunabhängigen Besteuerung* der Unternehmen. Die Gewerbekapitalsteuer, die Hinzurechnungen bei der Gewerbeertragsteuer, die betriebliche Vermögensteuer und die Grundsteuer greifen besonders in den kritischen Phasen unternehmerischer Tätigkeit in die Vermögenssubstanz ein und können dadurch existenzbedrohend werden. Auch wirtschaftlich gesunde Unternehmen können in Rezessionszeiten und in Phasen der Umstrukturierung (insbesondere bei der Erschließung neuer Märkte) vorübergehend ohne Gewinn sein. Gerade dann benötigen sie aber alle Liquidität, um im Wettbewerb bestehen zu können und die Gewinnzone wieder zu erreichen. Dies wird durch die Substanzbesteuerung erheblich erschwert. Der dadurch verursachte betriebs- und volkswirtschaftliche Schaden ist deshalb vermutlich weit größer als das Aufkommen aus diesen Steuern.

Die ertragsunabhängige Besteuerung wirkt darüber hinaus investitionshemmend. Zusammen mit der hohen absoluten Steuerlast ist sie verantwortlich für die niedrigere Eigenkapitalquote deutscher Unternehmen. Die aktuell noch gut entwickelte internationale Wettbewerbsfähigkeit verdeckt den Umstand, daß der Steuerstaat die Finanzkraft deutscher Unternehmen ausgehöhlt hat. Die Schwächung der deutschen Wirtschaft gegenüber der ausländischen Konkurrenz liegt ganz deutlich auf der Seite der Finanzierung.

Für Wirtschaftskrisen und für die Bewältigung kapitalintensiver Zukunftsaufgaben ist die deutsche Wirtschaft im Vergleich zum technologischen Standard schlecht gerüstet.

Ob die deutschen Unternehmen im internationalen Wettbewerb weiterhin bestehen können, hängt nicht nur von ihren Produkten, ihrer Leistungsfähigkeit und ihrem Service ab, sondern ganz wesentlich auch von den steuerlichen Rahmenbedingungen, unter denen sie im Vergleich zu ihren ausländischen Mitbewerbern tätig sein müssen. Bei diesem "*Wettbewerb der Steuersysteme*" schneidet die Bundesrepublik aber ausgesprochen schlecht ab. Da in anderen Ländern Personengesellschaften wirtschaftlich nur eine untergeordnete Bedeutung haben oder sogar gänzlich fehlen, ist hier ein Vergleich der Körperschaftssteuersätze auf thesaurierte Gewinne besonders aussagekräftig. Dem Steuersatz in der Bundesrepublik Deutschland von 56 Prozent (ab 1990: 50 Prozent) stehen in Großbritannien, Spanien und den Niederlanden 35 Prozent, in den USA ca. 34 Prozent, in Österreich 30 Prozent und in der Schweiz 11 bis 30 Prozent gegenüber. Aber auch ein Vergleich der Gesamtsteuerbelastung unter Einbeziehung sämtlicher Zusatzsteuern in den einzelnen Ländern fällt deutlich zu Lasten des deutschen Unternehmens aus. So steht nach einer Berechnung des Instituts der Deutschen Wirtschaft (Köln) einer Gesamtsteuerbelastung in der Bundesrepublik Deutschland von 70,4 Prozent eine Steuerlast von 53,6 Prozent in Frankreich, 46,4 Prozent in Italien, 46,0 Prozent in den USA, 37,9 Prozent in England und 25,7 Prozent in der Schweiz gegenüber. Daß die deutschen Unternehmen diesen essentiellen Wettbewerbsnachteil auf Dauer nicht schadlos überstehen können, dürfte jedem klar sein.

Der international überhöhte Steuertarif in der Bundesrepublik Deutschland wird auch *nicht durch besondere Vergünstigungen* bei der Gewinnermittlung *kompensiert.* So liegen die deutschen Unternehmen nach Berechnungen des Bundesministeriums der Finanzen bei den Abschreibungen international keineswegs an der Spitze, sondern etwa im oberen Drittel; dies gilt sowohl für Betriebsgebäude als auch für Ausrüstungen.

Auch bei den Rückstellungen sind die steuerlichen Möglichkeiten der Unternehmen bei weitem nicht so gut, wie vielfach behauptet wird. Zunächst ist zu berücksichtigen, daß eine steuerliche Anerkennung von Rückstellungen überhaupt nur in Betracht kommt, soweit diese handelsrechtlich zwingend vorgeschrieben sind. Soweit ein handelsrechtliches Wahlrecht besteht, scheidet eine Rückstellung mit steuerlicher Wirkung von vornherein aus. Darüber hinaus hat der Steuergesetzgeber unter fiskalischen Gesichtspunkten selbst bei handelsrechtlichem Passivierungszwang die steuerliche Anerkennung entsprechender Rückstellungen dadurch eingeschränkt, daß er von seinem Bewertungsvorbehalt Gebrauch gemacht hat. Hier seien nur beispielhaft Rückstellungen für Sozialpläne, Patentrechtsverletzungen, Jubiläumszusagen und - der gravierendste Bereich - Pensionsverpflichtungen erwähnt.

Gerade bei den letztgenannten Rückstellungen ist aber die teilweise geäußerte Auffassung, daß darin eine Begünstigung der betreffenden Unternehmen liege, in besonderem Maße verfehlt. Diese Rückstellungen tragen dem Umstand Rechnung, daß das Unternehmen aus entsprechenden unverfallbaren Versorgungszusagen tatsächlich wirtschaftlich belastet ist. Diese Belastung ist aber höher als der Rückstellungsbetrag, weil der steuerlich vorgeschriebene Abzinsungsfaktor von 5,5 Prozent - handelsrechtlich sind bis zu 3 Prozent zulässig - aus rein fiskalischen Gründen zu hoch angesetzt worden ist. Auch ein Vergleich mit anderen Ländern zeigt, daß in dieser Rückstellungsmöglichkeit keine besondere Begünstigung deutscher Unternehmen liegt. Daß beispielsweise in den USA keine Pensionsrückstellungen in den Unternehmensbilanzen auftauchen, liegt schlicht daran, daß die Altersversorgung der Mitarbeiter über außerbetriebliche Pensionsfonds durchgeführt wird. Die Zahlungen des Unternehmens an diese Fonds sind als Betriebsausgaben sofort abzugsfähig, wirken sich also in gleicher Weise gewinnmindernd aus wie entsprechende Zuführungen zu Pensionsrückstellungen.

Von interessierter Seite wird behauptet, die *"tatsächliche" Steuerbelastung* liege bei 34 Prozent oder sogar "unter 20 Prozent". Diese Zahlen basieren jedoch auf falschen Grundlagen. Professor Littmann (Speyer) zum Beispiel stützt sich bei seiner Berechnung auf die Daten und Methodik der Volkswirtschaftlichen Gesamtrechnung (VGR). Bei einer Gegenüberstellung der Größen "Bruttoeinkommen aus Unternehmertätigkeit und Vermögen" und "veranlagte Einkommen-, Körperschaft-, Vermögen-, Gewerbe- und Grundsteuer" kommt er zu einer Unternehmenssteuerbelastung von etwa 34 Prozent. Dies ist in zweierlei Hinsicht falsch, wie das Institut der Deutschen Wirtschaft bereits detailliert nachgewiesen hat. Die wesentlichen Mängel bestehen in

- einer Behandlung unternehmensfremder Erträge als Unternehmensgewinne: Hier werden beispielsweise auch Zinseinkommen der privaten Haushalte, Einkommen aus privater Wohnungsvermietung, Vergütung für die Arbeitsleistung der Selbständigen (Unternehmerlohn) und unbezahlt mithelfender Familienangehöriger sowie die Ergebnisse von Bundesbank, Bahn und Post einbezogen;

- einem zu niedrigen Ausweis der Einkommensteuer, soweit sie eine Unternehmenssteuer darstellt: Insbesondere werden Steuererstattungen an Steuerpflichtige steuersystematisch richtig, aber wirtschaftlich falsch mit der veranlagten Einkommensteuer verrechnet, so daß diese wesentlich zu niedrig ausgewiesen wird.

Eine Ableitung der durchschnittlichen Unternehmenssteuerlast aus der VGR führt daher nicht zu seriösen Ergebnissen. Tendenziell läßt sich sagen, daß die Größe "Unternehmensgewinne" wesentlich zu hoch, die Größe "Unternehmenssteuern" deutlich zu niedrig angesetzt ist.

Im Ergebnis ist daher festzuhalten, daß die Steuerbelastung thesaurierter Gewinne in der Bundesrepublik Deutschland bei etwa 70 Prozent (ab 1990: ca. 66 Prozent) liegt. Eine Reform der deutschen Unternehmensbesteuerung im Sinne einer Entlastung und einer Strukturveränderung ist deshalb vor allem anderen dringend erforderlich.

Fazit

Ist die Bundesrepublik also doch ein schlechter Standort? Das sicherlich nicht - die deutsche Wirtschaft ist schon gut in Form. Nur ist dies nicht die wichtige Frage, die zu stellen ist, sondern es ist zu *fragen, wie sie zukünftig in Form sein wird - und in guter Form gehalten werden kann.*

Da gibt es offensichtlich einige Punkte, die für das zukünftige Leistungsvermögen der deutschen Wirtschaft von eminenter Bedeutung sind und heute schon als Schwachpunkte erkannt werden können. Ein wesentlicher Punkt sind die *Arbeitskosten* und dabei besonders die *Lohnzusatzkosten*; hier muß etwas geschehen, damit die deutsche Wirtschaft langfristig das Geld erwirtschaften kann, das zur Finanzierung der hohen Umweltansprüche der Deutschen notwendig ist. Das letzte Argument gilt um so mehr für die Reform der *Unternehmensbesteuerung*: Der deutschen Wirtschaft muß die Finanzierungskraft zur Bewältigung von Krisen und kapitalintensiven Zukunftsaufgaben zurückgegeben werden. Mag man hohe Arbeitskosten noch durch "deutsche Tugenden" wie Produktqualität und Lieferpünktlichkeit auf den Weltmärkten überkompensieren können - Finanzierungsmängel der Unternehmen als Teil der Gesellschaft sind nicht durch andere Faktoren kompensierbar und schlagen irgendwann, aber mit Sicherheit auf Wirtschaft und Gesellschaft zurück.

Der Standort Bundesrepublik: Die Sicht der Gewerkschaften

Siegfried Bleicher

Einführung

Standort Bundesrepublik: So viele Daten sind präsentiert, so viele Aspekte und Perspektiven vorgebracht und verglichen, so viele Interviews sind zu diesem Thema geführt worden - wo sind noch Anspruch und Wirklichkeit dieser Diskussion zu verorten? Es mag im weiteren ein wenig ungewohnt erscheinen, daß gerade ein Vertreter der Gewerkschaften den besonderen Anspruch dieses Themas betont, allerdings in einer weiten Öffnung und zukunftsgeleiteten Perspektive - während die Wirklichkeit wirklich und offensichtlich für sich spricht.

Es macht ja keinen Sinn, sich immer und immer wieder dieselben Argumente von Standortoptimisten und Standortpessimisten vorführen zu lassen; wie und nach welchen Funktionen sich die Qualität eines Standorts aus den einzelnen Elementen zur Summe der Teile (und möglicherweise zu mehr oder weniger als der Summe) aggregiert, kann ohnehin niemand sagen, erst recht nicht, wie sich vielleicht die Gewichte dieser Elemente zukünftig ändern mögen - was an sicherem Boden bleibt, sind Daten und beobachtbare Veränderungen als Ausdruck bekundeter Präferenzen (oder aber Antipathien) zu einem Standort.

Verläßt man aber die Enge interessengeleiteter Auseinandersetzung - und damit auch die Ebene der News aus der Tageszeitung -, dann stellt man deutlich fest, daß die Auseinandersetzung auch auf einer anderen und weitaus offeneren Ebene abläuft, wovon man allerdings in offiziellen Verlautbarungen wenig spürt; "offen" und "offiziell" haben außer dem Wortstamm eben nur wenig gemein. Wenn man will, könnte man die Standortdiskussion aber durchaus als den Auslöser weitergehenden Nachdenkens ansehen, ja es gibt sogar eine Art Aufbruchstimmung im Nachdenken und die Gewerkschaften sind hier eingeschlossen, wenn nicht sogar im Vorderfeld - im *Nachdenken darüber, wie die Bewohner dieses Landes in Zukunft wirtschaften werden, arbeiten wollen und leben können.*

Ein goldenes Zeitalter?

Die Grundlage für eine zu diesem Ziel sinnvoll investierte Zeit des Nachdenkens sollte aber ohne Zweifel immer die Wirklichkeit sein, oder zumindest das, was man dafür hält - und das sind in der Ökonomie nun einmal die Wirtschaftsdaten. Betrachtet man also die Daten des Jahrgangs 1988, dann liegt es auf der Hand, warum Standortpessimisten schon mit den dunklen Schatten operieren müssen, die eines Tages das strahlende Bild verdüstern könnten: keine Zeit für Klagen, eher eine Zeit zum Schwärmen - wenn man von den Arbeitslosenzahlen absieht. Zwar bemühten sich einige Wirtschaftsprognostiker, für 1989 eine Abschwächung der Konjunktur gegenüber dem Vorjahr vorherzusagen oder auch herbeizureden, doch steht der Verfasser keineswegs allein mit seiner Auffassung, daß die Aussichten auf mittlere Frist noch günstiger einzuschätzen sind als selbst Optimisten erwarten konnten: Die tendenziell wohl eher auf der sicheren Seite argumentierenden Volkswirte der Deutschen Bank vertreten sogar die These, daß der Wachstumspfad der Bundesrepublik in den nächsten fünf Jahren steiler ausfallen wird als in der vergangenen Periode, und falls dies eintritt, würde es bedeuten, daß der seit den fünfziger Jahren anhaltende Trend abnehmender Wachstumsraten gestoppt und umgekehrt werden würde.

Wenn man richtig hinhört, scheint dies durchaus auch die Grundstimmung zu sein, die man in weiten Kreisen der Wirtschaft antrifft; nach einer realen Wachstumsrate des Bruttosozialprodukts zu Marktpreisen von 3,4 Prozent im Jahre 1988 bedeuten auch erwartete Wachstumsraten im Bereich von 2,0 bis 2,5 Prozent für 1989, die faktisch wohl beträchtlich übertroffen werden, eine hohe und mehr als zufriedenstellende Auslastung des Produktionspotentials. Es ist erstaunlich bis faszinierend, aber dies würde insgesamt gesehen eine konjunkturelle Aufwärtsbewegung bedeuten, die sich nunmehr im siebten Jahr befindet; ohne Zweifel muß man auch attestieren, daß dies eine ungewöhnliche Länge für einen Konjunkturaufschwung ist, so daß sich mit zunehmender Länge einer solchen Phase auch immer einige Stimmen finden, welche die nächste Rezession für morgen ankündigen. Andere dagegen sprechen von einer positiven spannungsfreien Entwicklung im Stil einer "langen Welle", mit der die Konjunkturforscher die langfristigen

Phasen von Prosperität und Niedergang beschreiben. Unabhängig von dieser langfristigen Interpretation weiß jeder erfahrene Beobachter des Wirtschaftsgeschehens sehr gut, wie anfällig gerade mittelfristige Erwartungen sein können - einige nach unten zeigende Indikatoren oder ein schlechteres Konjunkturjahr können ganze mittlere Fristen verdüstern. Nur: Davon ist nichts zu sehen, und nichts ist - gerade im Hinblick auf das gestellte Thema - überzeugender als die aktuelle Situation. Das sehen wohl auch die Verbandspräsidenten, Unternehmensvorstände und gleichfalls die Wirtschaftspolitiker so, und da sie alle in ihren Erklärungen immer auf der Höhe der Zeit sein möchten, hat die vom Bundesverband der Deutschen Industrie ausgelöste Diskussion um die Qualität des Standorts Bundesrepublik zur Zeit keinen sehr leichten Stand.

Acht Argumente gegen Standortpessimismus

Dabei ist es sehr die Frage, ob diese Diskussion überhaupt sinnvoll ist und nicht nur von den wichtigen Themen ablenkt: Man redet über Fakten und partiell Vermutungen, apostrophiert ungünstige Standortbedingungen per schlichter Unterstellung, klagt über zu hohe Lohnkosten, über Mangel an Flexibilität, über zu hohe Abgabenbelastung - und das alles im besonderen dann, wenn sich kurzfristig die Wettbewerbsfähigkeit aufgrund der Entwicklung des Dollarkurses verschlechtert, und anschließend muß man feststellen, daß sich dies alles unterhalb der Fühlbarkeitsschwelle abgespielt hat. Nach Meinung des Verfassers wäre es überflüssig, traurig und zudem intellektuell wenig ergiebig, wenn die Standortdiskussion auf diese Weise in eine Schlacht der "alten" Verteilungspolitik umgemünzt würde, wenn man sich nicht auf den eigentlichen Kern der Fragestellung, auf die zu Beginn angesprochene "Philosophie" des Themas besinnt. Dies ist ein hehrer Anspruch, den man als Vertreter der Gewerkschaften nicht immer, eher sogar nur selten einhalten kann - und in der Regel wird erwartet, daß die Gewerkschaften, schlachterfahren wie sie sind, gewissermaßen immer "dagegenhalten". Es wäre wohl auch an dieser Stelle unredlich und nicht der Rolle gemäß, solche Erwartungen zu enttäuschen - deshalb zumindest in aller Kürze die wesentlichen Thesen der deutschen Gewerkschaften gegen die Schimäre vom ungünstigen Standort Bundesrepublik:

- Zum *ersten* ist die Bundesrepublik Weltmeister im Export, sie ist Spitzenreiter auf vielen Teilmärkten für Industrieerzeugnisse und Weltspitze in den Märkten der Zukunftsindustrien.

- Zum *zweiten* nimmt die deutsche Industrie eine blendende Position im Qualitäts- und Innovationswettbewerb ein, aber ebenso bei den Patentaktivitäten als Ausdruck einer forschungsintensiven Nation.

- Zum *dritten* stellen die deutschen Auslandsinvestitionen weitgehend ein Spiegelbild der deutschen Exportrekorde dar, die folgerichtig von Marktsicherungsinvestitionen begleitet werden; die starke Aufwertung der Deutschen Mark verbilligt darüber hinaus den Erwerb ausländischer Beteiligungen und Unternehmen.

- Zum *vierten* sind die bitterlichen Klagen über das Hochsteuerland Bundesrepublik bei weitem übertrieben; kaum ein anderes Land gestattet seinen Unternehmen so kräftige Abzüge vom Gewinn, bevor der Staat seinen Teil beansprucht.

- Zum *fünften* ist die Lohnkostenentwicklung insgesamt gesehen alles andere als ein Grund zum Auswandern; aber auch der Gewerkschafter attestiert, daß man diesen Punkt sehr differenziert betrachten muß.

- Zum *sechsten* ist die Arbeitszeit kein sinnvoller Indikator der Qualität eines Wirtschaftsstandorts; es kommt auf die Arbeitsleistung pro Arbeitsstunde, also die Stundenproduktivität an, und da liegen die deutschen Industriearbeiter international bestens im Rennen.

- Zum *siebten* ist - und das kann nicht oft genug betont werden - "sozialer Friede" ein wichtiger immaterieller Wettbewerbsvorteil des deutschen Standorts; eine Einschränkung der Arbeitnehmerrechte würde erbitterten Widerstand hervorrufen und einen wichtigen komparativen Vorteil gefährden.

- Zum *achten* und über allem: die aktuellen Daten bestätigen den gemeinsamen Effekt der vorherigen sieben Punkte - die Bundesrepublik ist ein Standort mit glänzenden Unternehmensgewinnen.

... und viele Argumente für Nachdenklichkeit

Natürlich könnte man diese einzelnen Punkte detailliert diskutieren - und das ist des öfteren im Sinne eines Schlagabtausches und auf dem Niveau von Tarifverhandlungen geschehen. Vielleicht ist dies sogar etwas zu häufig geschehen, und das gegenseitige Lamentieren hat die internationalen Wettbewerber erst auf den Plan gerufen und über den vermeintlichen "Standort im Zwielicht" nachdenken lassen - allzu viele Selbstzweifel und mangelndes Selbstbewußtsein verraten zumindest emotionale Unsicherheit in einer sich dynamisch verändernden Umwelt; andererseits: Wenn dies der Fall gewesen sein sollte, so ist es offensichtlich ohne meßbare Konsequenz geblieben.

Das ist es aber nicht, was an Honig aus der Standortdiskussion gesaugt werden kann und sollte: Es ist wichtig, sich von den aktuellen Daten und Auseinandersetzungen zu trennen und Perspektiven zu suchen und über fundamentale Fragen und Faktoren zu diskutieren - nicht zuletzt natürlich, um den Grund für einen Konsens über die zukünftige Entwicklung der Bundesrepublik in ihrem internationalen Umfeld zu legen. Und ganz offensichtlich findet sich an vielen Stellen der Gesellschaft heute - beim einzelnen Bürger, in Politik, Wirtschaft und den Gewerkschaften - die Bereitschaft zu einem Umdenkprozeß, und dabei, das ist der Kernpunkt, die Bereitschaft zur Überwindung von Immobilität.

Ein jeder in der Bundesrepublik muß ja erkennen, daß er in einer Phase des Umbruchs lebt. Dieser Umbruch hat viele Dimensionen und auch die Gewerkschaften hüten sich, diesen Umbruch auf die Eindimensionalität des Verteilungskonflikts zu reduzieren. Im Kern sind diese Dimensionen wirtschaftlicher, sozialer, technologischer und politischer Natur:

- *Wirtschaftlich gesehen* werden die Märkte international neu verteilt.

- *Sozial gesehen* verändert sich eine Menge an Zuweisungen, zum Beispiel in Form beruflicher Chancen.

- *Technologisch gesehen* ist ein großer Sprung zu beobachten - von der Mechanik zur Elektronik.

- *Politisch gesehen* sind Phänomene wie Wertwandel und Infragestellung der Verhältnisse Ausdruck der Sinnfrage unserer Lebensstile und -formen in Wirtschaft, Gesellschaft und Natur.

Nicht nur dem Verfasser dürfte wohl klar sein, daß die Debatte um den

Standort Bundesrepublik eben nicht nur ökonomisch geführt werden kann, sondern weitere Dimensionen abgreifen muß und letztendlich zu einer Debatte über die Zukunft unserer wirtschaftlichen, sozialen und politischen Verhältnisse führen wird und führen muß; bemerkenswerte Bemühungen dazu hat die Industriegewerkschaft Metall mit ihrem Zukunftkongreß eingeleitet - und wie sich das gehört, haben Arbeitgeber- und Metallindustrie-Verband nachgezogen.

Linien in die Zukunft

Man braucht wohl auch nicht lange nachzudenken, wenn man wissen möchte, was den Lauf der Dinge vorantreibt und welche Impulse heute und für die Zukunft die Entwicklung bestimmen. Eindeutig gehören zu diesen Faktoren:

- die durch den technischen Fortschritt, vor allem auf den Gebieten der Mikroelektronik und der Gentechnologie ausgelösten Innovationen;

- die durch die geburtenstarken Jahrgänge in dieser Zeit hervorgerufene Verjüngung des Arbeitskräfte- und Konsumentenbestandes;

- der Schub der Internationalisierung der Unternehmenskooperation und des Austausches von Waren, Dienstleistungen, Kapital und Information sowie

- die Institutionalisierung und Vollendung des Europäischen Binnenmarkts mit der Folge einer nie dagewesenen wirtschaftlichen Dynamik, aber auch ungeheurem Anpassungsdruck in Europa.

Alle diese Kräfte werden gemeinsam wirken und nur denjenigen Chancen eröffnen, die Beharrungstendenzen überwinden und ihre Ressourcen offensiv der Bewältigung des Wandels widmen. Daß diese Aufgaben besondere Investitionsfähigkeit der Unternehmen erfordern, wird auch von den Gewerkschaften nicht in Frage gestellt - jedoch dürften die Segnungen der angebotsorientierten Wirtschaftspolitik (Stichwort: Gewinnexplosion) genügend Optionen zur Finanzierung der unternehmerischen Anpassung geschaffen haben. Besonderer Anstrengungen wird es aber bedürfen, die anderen Säulen des Wachstums und der wirtschaftlichen Dynamik nachhaltig zu sichern und zu entwickeln, also die Rohstoff- und *Energieversorgung* sowie die *natürlichen Produktions- und Lebensgrundlagen*; gerade auch zu diesem Zweck sind neben den notwendigen infrastrukturellen Einrichtungen Forschungsausgaben zum ressourcen- und umweltsparenden technischen Fortschritt ebenso notwendig wie intensivierte Qualifikationsförderung der Arbeitskräfte.

Ein solcher autonom ablaufender wie auch intendierter Wandel führt zwangsläufig zu gravierenden Veränderungen und eröffnet neue Beziehungsformen; er fordert Auseinandersetzung über Rechtsnormen und Institutionen und ihre Anpassung an den technischen Fortschritt, an demographische Veränderungen, an die fortschreitende internationale Integration der Güter- und Faktormärkte und auch an den Wandel der individuellen wic auch kollektiven Präferenzen. Dies ist das Diskussionsprogramm, dem sich alle Gruppen in der Bundesrepublik zu stellen haben, und je eher sie in diese Diskussion eintreten, um so rationaler und konsensorientierter werden Verfahren und Ergebnisse ausfallen.

Zukunftsdialog statt Verteilungskampf

Wenn man in einer sich dynamisch entwickelnden Welt Stabilität als Ziel setzt, so erfordert das zwangsweise permanente Anpassung; solche Anpassungen implizieren aber immer auch, was gar nicht in Abrede gestellt werden kann, Diskussionen, wenn nicht gar Konflikte über Besitzstände und Verteilungskonstellationen. Die Frage ist nur, ob solche Fokussierungen in der Auseinandersetzung um die wichtigen Fragen der wirtschaftlichen und gesellschaftlichen Entwicklung der Bundesrepublik weiterhelfen - so wie die Standortdebatte von Seiten der Initiatoren angelegt wurde, war sie jedenfalls nur geeignet, Mißtrauen bei den Gewerkschaften hervorzurufen: Wenn allzu offensichtlich auf eine weitere Korrektur des Verteilungsergebnisses zugunsten der ohnehin gut verdienenden Unternehmen und damit auch der Produzenteninteressen zu Lasten der Konsumenteninteressen gezielt wird, dann darf man sich über eine Abwehrhaltung auf Seiten der Gewerkschaften und daraus folgende Beharrungstendenzen nicht wundern.
Diese Konsequenz der Debatte ist, wie schon gesagt, eigentlich überflüssig, traurig und zudem intellektuell wenig ergiebig; wenn die Bundesrepublik sich den Veränderungen stellen will, und das muß sie zwangsläufig, falls sie aus dieser weltweiten Umbruchphase erfolgreich hervorgehen möchte, dann ist das zwanghafte Starren auf den sicherlich auch vorhandenen Vertei-

lungskampf in solchen Diskussionen nicht nur von Übel, sondern verstellt den Blick für Optionen, auch Optionen einer gesellschaftlichen Konsensfindung in wichtigen Fragen. Nicht dem Tagesgeschäft sollte man sich in solchen Diskursen widmen, sondern dem *Zukunftsgeschäft* - in einer offenen und offensiven Auseinandersetzung darüber, wie *die Deutschen in Zukunft wirtschaften werden, arbeiten wollen und leben können*. Die Bereitschaft zu einem solchen Dialog wächst in der Politik und bei vielen gesellschaftlichen Gruppen - und damit auch die *Chance zur Nachdenklichkeit* über die gegebene Situation, zum längerfristigen Denken und zur Überwindung struktureller Versteinerungen.

Der Standort Bundesrepublik: Wo liegen die staatlichen Handlungsnotwendigkeiten?

Hans-Jürgen Krupp

Vorbemerkung

Die Diskussion um den Industriestandort Bundesrepublik hat inzwischen an Sachlichkeit gewonnen. Sie ist aber nach wie vor durch eine Anzahl von *Mißverständnissen* geprägt. Man kann daher die Frage, wo der staatliche Handlungsbedarf liegt, nicht behandeln, ohne wenigstens kurz auf die Frage einzugehen, wie die Standortbedingungen der Bundesrepublik Deutschland im internationalen Vergleich einzuschätzen sind. Unvermeidbar ist dabei ein Kommentar zu der Frage, wie denn *Länder mit unterschiedlichen wirtschaftlichen und sozialen Standards überhaupt Handel miteinander treiben können. Diese Frage wird im übrigen auch für das Europa '92 erhebliche Bedeutung erlangen.*

Welthandelsmechanismen und Standortdiskussion

Der heutige Welthandel ist dadurch geprägt, daß Länder mit sehr unterschiedlichen Standards miteinander im Wettbewerb stehen. Dieser Handel ist nur deswegen möglich, weil *veränderliche Wechselkurse* dafür Sorge tragen, daß die sehr unterschiedlichen Standards auf ein vergleichbares Niveau gebracht werden. Wäre zum Beispiel das *Kostenniveau eines Landes zu niedrig*, ergäbe sich eine erhöhte Wettbewerbsfähigkeit dieses Landes, die zu Überschüssen in der Leistungsbilanz führen müßte. Soweit es sich hierbei nicht um ein Land handelte, dessen Währung auch als Reservewährung und/oder Anlagewährung dienen kann, würde von einem derartigen

Überschuß ein Aufwertungsdruck ausgehen - die Exporte würden teurer, denn es hätte eine Angleichung des Kostenniveaus stattgefunden. Das Land mit dem vorher zu niedrigen Kostenniveau würde für diesen "Verlust" an Wettbewerbsfähigkeit belohnt, denn gleichzeitig würden seine Importe billiger - es könnte real in größerem Umfang auf das internationale Güterangebot zugreifen.

Einen vergleichbaren Prozeß gibt es auch bei einem *überhöhten Kostenniveau*: Das Land verliert Wettbewerbsfähigkeit, die Exporte gehen zurück, die Importe nehmen zu, irgendwann ist der Punkt erreicht, wo ein Leistungsbilanzdefizit entsteht. Hieraus folgt ein Druck auf den Wechselkurs, der in einem Nicht-Reserveland zu einer Abwertung führen muß. Die Exporte nehmen wieder zu, die Importe werden teurer und nehmen ab. Das Land muß für sein überhöhtes Kostenniveau bezahlen, indem es in realer Rechnung einen größeren Teil seiner Produktion an das Ausland abgeben muß und erschwerten Zugang auf das internationale Güterangebot hat. In realer Rechnung sinkt die im Inland verfügbare Gütermenge.

Ein überhöhtes Kostenniveau führt also zu Einbußen im Lebensstandard, während ein zu niedriges Niveau über eine Anhebung des Lebensstandards ausgeglichen wird. Der hier vereinfacht beschriebene Prozeß ermöglicht es, daß Länder mit sehr unterschiedlichen Standards miteinander Handel treiben können. Er führt zugleich dazu, daß sich eine Veränderung der Kostensituation, zum Beispiel auf der Grundlage von Änderungen der Produktivität oder Arbeitszeit, in entsprechende Änderung des Lebensstandards umsetzt.

Der hier beschriebene Marktprozeß ist nun *in vielfältiger Weise gestört.* Offene und versteckte Formen der Protektion behindern den Handel und damit den hier beschriebenen Prozeß. Wechselkurse unterliegen politischen Einflüssen. Die Wechselkurse der Währungen, die auch als Anlage- oder Reservewährungen geeignet sind, werden nicht nur von den Vorgängen auf den Gütermärkten, sondern auch von denen auf den Finanzmärkten beeinflußt. Es gibt aber auch den Einfluß der Erwartung zukünftiger Entwicklungen, die zu Überreaktionen und damit zu Signalen in die falsche Richtung führt. Insofern muß man mit Störungen des Ausgleichsprozesses rechnen.

Eine seit langem kontroverse Frage ist, wo die *Politik* in einer solchen Situation anzusetzen hätte. Soll sie den Versuch unternehmen, durch interne Interventionen - die im übrigen in der Regel ohne Eingriffe in den Markt gar nicht möglich sind - Kostenniveaukorrekturen im Inland vorzunehmen oder soll sie versuchen, die Störfaktoren zu bekämpfen, die den Ausgleich behindern? Für jemanden, der auf Ausgleichsprozesse des Marktes setzt und die staatliche Intervention nach Möglichkeit auf die Globalsteuerung beschränkt, ist die Antwort einfach. Es muß darum gehen, den Ausgleichsprozeß über den Wechselkurs wirksam zu erhalten oder wirksamer zu machen.

Das ist zugleich eine Bemerkung zu den *Harmonisierungsproblemen im europäischen Binnenmarkt.* Es ist in hohem Maße unwahrscheinlich, daß es gelingen könnte, die Sozialstandards Portugals und der Bundesrepublik einander anzugleichen. Die ohnehin schwache Wettbewerbsfähigkeit Portugals hängt im wesentlichen davon ab, daß es mit niedrigeren Standards in die Konkurrenz eintritt. Ins Gewicht fallende Standardabsenkungen in der Bundesrepublik würden demgegenüber kaum durchsetzbar sein und die Disparität noch verstärken.

Aus diesem Grunde ist es wichtig, bis auf weiteres von der Idee einer einheitlichen Europawährung Abstand zu nehmen und den Anpassungsprozessen im Europäischen Währungssystem EWS genügend Spielraum zu lassen. Die Währungsvereinheitlichung kann erst dann erfolgen, wenn eine Angleichung der Kostenniveaus stattgefunden hat. Dies wird allerdings noch eine ganze Weile dauern. Gerade weil es unwahrscheinlich ist, daß es gelingt, ganz Europa zu harmonisieren, muß die dynamische Anpassungsmöglichkeit über den Wechselkurs erhalten bleiben. In einem einheitlichen Währungsraum würde dieser Anpassungsprozeß nicht mehr laufen, was dann zu nahezu unlösbaren regionalen Disparitaten führen kann, so wie man sie in der Bundesrepublik beobachten kann.

Vor dem Hintergrund dieser Überlegungen ist die *Standortdiskussion in der Bundesrepublik sehr schwer einzuordnen.* Man wird nicht leugnen können, daß die Bundesrepublik, über die vergangenen Jahrzehnte hinweg betrachtet, ein Land mit strukturellen Leistungsbilanzüberschüssen war - was nicht auf ein überhöhtes, sondern ein zu niedriges Kostenniveau hinweist. Es gab nur kurze Zwischenperioden, wo das anders war - sozusagen Ausnahmen, die die Regel bestätigen.

Als etwa im Deutschen Institut für Wirtschaftsforschung (Berlin) Szenarien für die Entwicklung bis zum Jahr 2000 gerechnet wurden, erwiesen sich die weiterhin zu erwartenden Leistungsbilanzüberschüsse der Bundesrepublik als eines der gravierenden Hindernisse für die Entwicklung konsistenter Szenarien. Dies galt insbesondere für den Fall, daß eine zusätzliche Beschleunigung des Modernisierungstempos eingerechnet wurde. Die Überschußsituation der Bundesrepublik ist demnach nicht nur Ergebnis einer Momentaufnahme, sondern ein auch in mittlerer Zukunft bestehendes Problem; was im übrigen auch etwas mit der Wirtschaftsstruktur der Bundesrepublik zu tun hat, in der der industrielle Sektor im Vergleich zu anderen modernen Gesellschaften immer noch einen relativ großen Anteil hat.

Zusammenfassend ergibt sich, daß es bei einer globalen Betrachtung des Außenhandels bei existierenden Wechselkursen in der *Bundesrepublik kein überhöhtes Kostenniveau* gibt. Ganz im Gegenteil: Der Anpassungsbedarf weist in die andere Richtung. Vor diesem Hintergrund ist es auch nicht überraschend, daß aktuell kaum mit Wechselkursbewegungen gerechnet werden kann, die dazu beitragen würden, das Kostenniveau zu senken. Von der Überschußsituation der Bundesrepublik her sind vielmehr Anpassungsprozesse angelegt, die über eine Aufwertung der DM eine Angleichung des Kostenniveaus nach oben zur Folge hätten.

Dabei kann im übrigen kein Zweifel daran bestehen, daß sich Marktanteile verschieben werden. Im Laufe der nächsten Jahrzehnte werden neue Wettbewerber auf dem Markt auftreten.

In der Standortdiskussion wird häufig auch auf den Kapitalexport verwiesen. Dieser ist letztlich aber nichts anderes als die Kehrseite des Leistungsbilanzüberschusses. Wenn man mehr Waren exportiert als importiert, ist dies auf Dauer nur durchzuhalten, wenn man in der Höhe der Differenz Kapital exportiert. Die in jüngster Zeit zu beobachtende Beschleunigung des Kapitalexports hat allerdings eher etwas mit der Quellensteuer als mit diesem Grundproblem zu tun.

Die bisherigen Überlegungen bezogen sich im wesentlichen auf globale Kostenniveaus. Lohnkosten, Lohnnebenkosten, Arbeitszeit, Produktivität, Steuern - kurzum, alle in das Ertragskalkül nach Steuern eingehenden Elemente sind hier enthalten. Letztlich stellt eine solche Analyse aber nur auf die Quantitäten ab. Qualitäten bleiben unberücksichtigt.

Auch eine Diskussion der *qualitativen* Elemente der Wettbewerbsfähigkeit der deutschen Volkswirtschaft führt zu keinem wesentlich anderen Ergebnis. Es lohnt sich, hierzu die Strukturberichte der deutschen Wirtschaftsforschungsinstitute aus dem Jahre 1987 zu studieren. Kontroversen sind hier nicht zu übersehen. Sie betreffen insbesondere den Bereich der Spitzentechnologien, wo nach übereinstimmender Meinung der Institute Lücken gegeben sind. Insgesamt kann aber die deutsche Wettbewerbsfähigkeit auch von dieser Seite her positiv beurteilt werden. Hierin stimmen insbesondere das Deutsche Institut für Wirtschaftsforschung (Berlin) und das Ifo-Institut (München) überein.

Weltwirtschaftliche Arbeitsteilung und deutsche Wettbewerbsfähigkeit

Die weltwirtschaftliche Arbeitsteilung zwischen den Industrieländern wird durch *drei große Wirtschaftsblöcke* geprägt.

Der *nordamerikanische Wirtschaftsraum* steht nach wie vor für sich. Er ist letztlich durch eine erhebliche Heterogenität gekennzeichnet. Vorherrschend ist nach wie vor eher eine Binnenorientierung. Will man - worüber man streiten kann - die Wettbewerbsfähigkeit in wenigen Worten charakterisieren, gibt es einige Felder, in denen sie hervorragend bis gut ist. Hier ist insbesondere an bestimmte High-Tech-Bereiche zu denken. Für den größeren Teil der amerikanischen Wirtschaft gilt dies nicht. Die starke Binnenorientierung führt dazu, daß eine Anpassung an die Nachfragestrukturen des Auslands nicht erfolgt. Der mangelnde Importdruck in vielen Bereichen führt auch zu einem relativ langsamen Innovationsprozeß.

Es ist nicht sehr wahrscheinlich, daß die Wettbewerbsfähigkeit der deutschen Wirtschaft von dieser Seite qualitativ in Frage gestellt wird. Allerdings muß man sehen, daß durchaus zu erwartende weitere Änderungen des Dollar-Kurses quantitativ eine bedeutsame Herausforderung der deutschen Wettbewerbsfähigkeit darstellen. Dazu würden Abschwächungen der Wirtschaftsentwicklung in den Vereinigten Staaten einige Branchen, die hochwertige Konsumgüter in die Vereinigten Staaten verkaufen, deutlich treffen.

Der zweite wesentliche Wirtschaftsraum gruppiert sich *um Japan*. Hierzu gehören aber auch einige der interessanten asiatischen Schwellenländer, wie Singapur, Hongkong, Südkorea und Taiwan. Dabei verschieben sich die Relationen innerhalb des Blockes so, wie dies vor zwanzig Jahren zwischen Japan und den Europäern geschah. Südkorea und Taiwan sind auf Märkten tätig geworden, die die Japaner lange Zeit allein bestimmt haben. Auch die Japaner müssen sich nun mit niedrigeren Wachstumsraten zufrieden geben. Auch sie kommen nicht darum herum, bestimmte Produktionen an die Schwellenländer abzugeben.

Die japanische Wettbewerbsfähigkeit ist nach wie vor hoch. Sie ist allerdings in hohem Maße spezialisiert. Sie setzt insbesondere auf ein strategisches Konzept, in dem mit großen Stückzahlen der Weltmarkt für bestimmte Produkte erobert wird. Insofern ist die japanische Wettbewerbsfähigkeit nicht breit angelegt, sondern auf bestimmte Produktgruppen beschränkt. Immerhin geht es hier um wichtige Bereiche wie Kameraproduktion und weite Teile der Unterhaltungselektronik. Daneben gibt es aber auch eine ganze Anzahl von Produkten, in denen die Japaner ganz "normale" Mitwettbewerber in der Gesamtheit der Industriestaaten sind. Die Automobilindustrie, der Bereich der Computertechnologie, bestimmte Typen von Werkzeugmaschinen sind hierfür Beispiele.

Auch wenn das Wachstum Japans sich abschwächen, die Kostenvorteile sich einebnen werden, wird Japan auf bestimmten Märkten nach wie vor ein ernst zu nehmender und schwieriger Konkurrent bleiben. Allerdings wird Japan zunehmend das Risiko der Konzentration auf bestimmte Einzelmärkte zu tragen haben. Darüber hinaus bleibt abzuwarten, ob es den Japanern gelingen wird, die duale Struktur ihrer Produktion, die aus dem Zusammenwirken großer Konzerne und vieler abhängiger mittelständischer Betriebe besteht, zu erhalten.

Es ist sicher zu früh, die Gefahren abzuschätzen, die für den Wettbewerber Bundesrepublik von den asiatischen Schwellenländern ausgehen. Bisher handelt es sich auch bei den vermeintlich hochtechnologischen Asienexporten um relativ standardisierte Produkte, deren Herstellung eben auch in Schwellenländern möglich ist. Die Produktion eines Chips oder einer Leiterplatte ist eben keine High-Tech-Angelegenheit, selbst wenn das Produkt nachher High-Tech-Eigenschaften hat.

Der dritte große Wirtschaftsblock ist *Europa.* Bleibt man einmal bei den skizzenhaften Strichen, ist es vielleicht möglich, die Stärken der deutschen Wettbewerbsfähigkeit als Grundmuster für die Beurteilung der europäischen Wettbewerbssituation zu betrachten.

Die Wettbewerbsfähigkeit der Bundesrepublik besteht in der Breite des Angebots. Man kann in der Entwicklung der letzten Jahrzehnte nachzeichnen, daß die deutsche Wirtschaft sich immer sehr flexibel an die jeweilige Nachfrage auf den Weltmärkten angepaßt hat. Dies gilt sowohl für die Güterstruktur wie für die regionale Struktur der Nachfrage. Darüber hinaus hing die Wettbewerbsfähigkeit nicht davon ab, daß der Ausstoß von Großserien auf den Märkten abgesetzt werden mußte. Immer spielten Einzelfertigung und die Fertigung in kleinen Serien eine wesentliche Rolle. Auf diese Weise war es zum Beispiel möglich, im Werkzeugmaschinenbereich ganz wesentliche Erfolge zu erzielen. Es mag sein, daß in der Bundesrepublik das Ausmaß an High-Tech-Produktionen geringer ist als in Japan und in den USA. Ohne Zweifel ist die Nutzung technischen Wissens in ihrer Breite eine der Stärken der Bundesrepublik.

Schwer abzuschätzen ist, wie sich der inner- und außereuropäische Wettbewerb durch Einführung des Binnenmarkts verändern wird, ob die Bundesrepublik und Europa dadurch gestärkt oder geschwächt werden. Gar kein Zweifel ist, daß von dieser Seite weitere Anstöße ausgehen könnten, die sowohl zu einem höheren Wachstum wie zu einem weiteren Innovationsdruck führen.

Eines ist allerdings bemerkenswert. In vielen Ländern Europas gibt es schon heute erhebliche Bemühungen, sich auf diesen Binnenmarkt vorzubereiten. In der Bundesrepublik dagegen könnte man den Eindruck gewinnen, eine solche Vorbereitung wäre hier nicht nötig. Dies ist sicher nicht richtig, denn auch hier gibt es eine ganze Anzahl "geschützter" Bereiche, die Schwierigkeiten hätten, sich im Wettbewerb Europas zu behaupten. Der Bereich der Telekommunikation ist hierfür nur ein, dafür um so wichtigeres Beispiel. Der internationale Wettbewerb wird sich im europäischen Binnenmarkt mit Sicherheit verschärfen.

Bleibt man bei der hier benutzten groben Diskussion der Wettbewerbssituation auf den Weltmärkten, ergibt sich ein interessantes Ergebnis: Die weltwirtschaftliche Arbeitsteilung ist zwar im Laufe der Zeit wesentlich verändert worden - sie ist aber nach wie vor durch eine *Arbeitsteilung mit unterschiedlichen Schwerpunkten und unterschiedlichen Strategien* geprägt. Die Wettbewerbsfähigkeit der Amerikaner hat ihren Schwerpunkt bei den hochwertigen technischen Produkten, die des japanischen Wirtschaftsraums bei den Großserien, die Europas bei der Breite des Angebots, auch wenn dieses kleinere Serien bedeutet. Vor diesem Hintergrund besteht aller Anlaß, die Diskussion um den Wirtschaftsstandort Bundesrepublik mit einer bestimmten Gelassenheit zu führen.

Staatlicher Handlungsbedarf: Technologiepolitik

Wo liegt nun der staatliche Handlungsbedarf? Es wird nicht überraschen, daß auf der Grundlage der vorangestellten Analyse der Handlungsbedarf geringer eingeschätzt werden kann, als dies üblicherweise behauptet wird. Dies heißt freilich nicht, daß nicht an einigen Stellen deutliche Umsteuerungen nötig sind. Als Beispiele werden die Technologie- und Steuerpolitik diskutiert.

In der *Technologiepolitik* gibt es zwei Grundprobleme. Einmal ist zu klären, in welchem Ausmaß die *Förderung von Spitzentechnologie* notwendig ist. Zum anderen ist zu diskutieren, wie der *Innovations- und Diffusionsprozeß* in die Richtung von *mittleren* und *kleineren Unternehmen* gefördert werden kann.

Direkt betrachtet beruht der Erfolg des Wirtschaftsstandorts Bundesrepublik in höherem Umfang auf dem zweiten Bereich. Vor diesem Hintergrund kann man die Entwicklung der Forschungspolitik in der Bundesrepublik und in Europa nur mit Sorge betrachten. Die deutsche Forschungspolitik hat zwar deutliche Anstrengungen unternommen, auch Unternehmen mittlerer Größe stärker zu fördern als in der Vergangenheit. Dieses wird aber zu einem wesentlichen Teil durch die Entwicklung der europäischen Forschungspolitik kompensiert, wo nach wie vor die Förderung der großen Unternehmen überwiegt.

Dazu kommen Verschiebungen im Förderungsobjekt, die zugleich Verschiebungen in den Empfängergruppen nach sich ziehen. Das absehbare stärkere Gewicht der Raumfahrt in der Forschungspolitik der Bundesrepublik bedeutet zugleich eine erhebliche Distanz von der wirtschaftsbezogenen, anwendungsorientierten Forschung und Entwicklung. Damit besteht die Gefahr, daß gerade die Zweige der bundesrepublikanischen Forschungspolitik, die wesentlich zu den Erfolgen der deutschen Industrie in den letzten Jahren beigetragen haben, vernachlässigt werden.

Nun kann man ohnehin darüber streiten, in welchem Umfang staatliche Technologieförderung sich einzelnen Schwerpunkten zuwenden sollte. Sicherheit dafür, daß man die zukunftsträchtigen Schwerpunkte findet, gibt es nicht. Auch in der Vergangenheit haben *neben Erfolgen Mißerfolge* gestanden. Eine Betrachtung der internationalen Situation zeigt allerdings, daß es nicht ganz ohne staatliche Förderung geht. Die Bundesrepublik Deutschland konkurriert mit den Japanern, die ihre Forschung über das MITI (Ministry of International Trade and Industry) koordinieren, und den Amerikanern, bei denen Rüstung und Raumfahrt nach wie vor wesentliche Objekte der Forschungsförderung sind.

Wenn schon, dann spricht jedenfalls vieles dafür, die Umsetzung von Forschungsergebnissen in mittleren und kleineren Unternehmen besonders zu fördern. Hier kann auch in erheblichem Umfang *indirekte Förderung* eingesetzt werden. Es ist allerdings einzuräumen, daß bei der Förderung von Spitzentechnologien direkte Forschungsförderung notwendig ist. Das Risiko der richtigen Schwerpunktbildung sollte man allerdings nicht unterschätzen. Eine rationale Diskussion über die Grundlinien der deutschen Forschungsförderungspolitik gehört daher sicher zum staatlichen Handlungsbedarf, wenn über Standortprobleme gesprochen wird.

Staatlicher Handlungsbedarf: Besteuerung

Auch wenn Unterschiede in der Besteuerung ganz oder teilweise durch den Wechselkurs ausgeglichen werden können, zählt sie zu den Feldern, wo staatlicher Handlungsbedarf zu diskutieren ist. Es sollen in diesem Zusammenhang nur drei Themen diskutiert werden:

- Der Umfang der Begünstigung *nicht entnommener* bzw. investierter *Gewinne*;

- *Steuervergünstigungen* und *Steuertarif*;

- die Form der *Gewerbesteuer*.

Es ist eine alte Streitfrage, ob man entnommene und nicht im eigenen Betrieb investierte Gewinne steuerlich genauso behandeln sollte wie die im eigenen Betrieb verbleibenden.

Allokationstheoretisch, also unter dem Gesichtspunkt des volkswirtschaftlich möglichst nützlichen Einsatzes knapper Mittel, spricht zunächst viel dafür, keinen Unterschied zu machen. Das Kapital soll dahin gehen, wo es die höchsten Erträge erbringt. Wirtschaftspolitisch ist dieser Satz allerdings nur so lange vernünftig, als es hierbei um Investitionen geht, die das Produktionskapital der Wirtschaft tatsächlich vergrößern. Weniger sinnvoll ist es, wenn auf diese Art und Weise auch Investitionen in Finanzanlagen gefördert werden, die dem Konsum dienen, denen also langfristig keine entsprechenden Erträge gegenüberstehen. In diesen Fällen ist auch allokationstheoretisch eine Förderung nur bedingt sinnvoll.

Betrachtet man die heutigen Gegebenheiten, so ist es mehr als zweifelhaft, ob die einfache allokationstheoretische Wahrheit der Gleichbehandlung investierter und nicht investierter Gewinne noch gültig ist. Vieles spricht dafür, daß die teilweise höheren Erträge von Finanzanlagen nicht in einer höheren Ertragskraft der dahinter stehenden Investitionen zu sehen sind. Dazu kommen regionalpolitische Gesichtspunkte: Will man Investitionen in der eigenen Region behalten, spricht vieles dafür, die Investitionen im eigenen Unternehmen besser zu stellen. Dies gilt insbesondere für die jungen, kleinen und mittleren Unternehmen.

Auch wenn man bei der Besteuerung die nicht entnommenen Gewinne besser stellt, gibt es Beispiele, die zeigen, daß auch dann noch keine Sicherheit besteht, daß die nicht entnommenen Gewinne wirklich im eigenen Unternehmen investiert werden. Es gibt ja Beispiele großer Industrieunternehmen, bei denen immer wieder gefragt wird, ob es sich in erster Linie um eine Bank oder um einen Industriebetrieb handelt. Von daher wäre es auch bei Anerkennung aller verfahrensmäßigen Schwierigkeiten durchaus sinnvoll, einmal darüber nachzudenken, ob nicht die steuerliche Besserstellung von Investitionen generell ein sinnvoller Ansatz wäre.

Überlegungen dieses Typs stehen freilich im Widerspruch zu den üblicherweise zu findenden Überlegungen zum *Steuer-Tarifverlauf*. Dabei hat die amerikanische Steuerreform II gezeigt, daß man bei drastischem Abbau aller Steuervergünstigungen mit deutlich niedrigeren Steuersätzen auskommt. Es ist in der Diskussion der deutschen Öffentlichkeit gar nicht klar geworden, daß diese Steuerreform im wesentlichen aufkommensneutral war und darüber hinaus eine Verlagerung der Steuerlast aus dem Bereich privater Haushalte in den Unternehmensbereich darstellt. Trotzdem - oder gerade deshalb - ist es möglich gewesen, mit drastisch reduzierten Steuersätzen, auch für Unternehmen, auszukommen.

Das amerikanische Modell ließe sich in den Quantitäten sicher nicht auf die Bundesrepublik übertragen, da hier nicht so dramatische Steuervergünstigungen abzubauen wären, wie dies in den USA der Fall war. Dessen ungeachtet wäre der Ansatz auch hier durchaus überdenkenswert.

Die immer wieder zu findenden Überlegungen zu der bundesrepublikanischen *Gesamtsteuerbelastung* beziehen sich nur auf die tariflichen Steuersätze. Sie sind kein Indikator für die Belastung des ökonomisch relevanten Einkommens. Diese Belastung liegt - nach allem, was man weiß - deutlich niedriger als die immer wieder behaupteten siebzig Prozent: Schätzungsweise zwischen zwanzig und dreißig Prozent. Vor diesem Hintergrund ist es reizvoll, einmal danach zu fragen, ob nicht eine Steuerreform nach amerikanischem Muster auch in Deutschland sinnvoll wäre. Man muß allerdings sehen, daß man sich damit der Chance gezielter Förderungsmaßnahmen sowohl auf dem Gebiet der Technologie als auch der Investitionen begäbe.

Auch für die Unternehmen stellt sich hier eine schwierige Entscheidung. Für sie kommt es ja letztlich nicht auf die tariflichen Steuersätze, sondern auf ihre Gesamtbelastung an. Wenn die Unternehmen selbst allerdings meinen, daß sie mit einem Steuersystem nach amerikanischem Muster besser fahren würden, spricht einiges dafür, dies anzustreben.

Eine besondere Bedeutung hat inzwischen die Diskussion um die *Gewerbesteuer* erlangt. Auf der einen Seite verkennt die Diskussion, soweit sie gegen die Gewerbesteuer geführt wird, daß es in vielen Industrieländern ebensolche - wenn auch unterschiedlich ausgeprägte - lokale Steuern gibt, Wettbewerb und Wettbewerbsfähigkeit also dadurch keineswegs ausgeschlossen werden. Insofern wird die Frage immer wieder unangemessen dramatisiert. Auf der anderen Seite ist bei der Gewerbesteuer inzwischen beachtlicher *Reformbedarf* aufgelaufen. Diesem wird man nicht durch ihre Abschaffung gerecht, sondern durch eine Reform, die die Basis der Gewerbesteuererhebung verbreitert und damit die zu erhebenden Sätze vermindert. Das Grundrezept der amerikanischen Steuerreform wäre also auch an dieser Stelle anzuwenden.

Am besten ist hierfür eine *Wertschöpfungssteuer* geeignet, wie sie nun seit langem von wissenschaftlichen Beratungsgremien ganz unterschiedlicher Art vorgeschlagen wird.

Vieles spricht dafür, von einer additiven Ermittlung der Wertschöpfung auszugehen, einer Summierung der Wertschöpfungskomponenten Löhne, Gewinne, Mieten, Zinsen und Pachten also. Das Berliner System der Umsatzsteuerpräferenzen zeigt, daß das verwaltungsmäßig zu bewältigen ist. Zur Not könnte man sicher aber auch mit einem subtraktiven Verfahren ähnlich dem Mehrwertsteuerverfahren zurechtkommen. Das additive Verfahren hätte allerdings den Vorteil, daß die einzelnen Elemente der Wertschöpfung unterschiedlich gewichtet werden könnten. Eine so bemessene Gewerbesteuer würde den Kreis der einbezogenen Steuerzahler wesentlich vergrößern, gleichzeitig aber mit niedrigeren Sätzen arbeiten.

Sie würde aber nicht dazu beitragen, die Ertragsunabhängigkeit des Steuersystems zu vermindern, im Gegenteil. An dieser Stelle muß nun freilich deutlich darauf verwiesen werden, daß gerade die Gemeindesteuern im wesentlichen ertragsunabhängige Steuern sein müssen, denn gerade bei den Gemeinden sind die Möglichkeiten der Aufnahme von Krediten zum Ausgleich von Einnahmeschwankungen am ehesten erschöpft. Die für die Konjunkturstabilisierung so wichtigen Investitionen fallen aber im wesentlichen bei den Gemeinden an. Gerade sie müssen deswegen über einen stetigen Einkommensstrom verfügen. Es spricht daher vieles dafür, die Gemeindesteuern ertragsunabhängig auszulegen.

Für die Entwicklung des Wirtschaftsstandorts Bundesrepublik ist gerade die von den Kommunen bereitgestellte *Infrastruktur* von wesentlicher Bedeutung. Es ist daher sehr wichtig, dafür Sorge zu tragen, daß ihre Bereitstellung gewährleistet ist. Insofern liegt eine wohlverstandene Gemeinde-Finanzreform auch im Interesse der Wirtschaft.

Die Entscheidung für eine Wertschöpfungssteuer würde in übrigen die Korrektur eines Fehlers einer früheren Steuerreform beinhalten. Man weiß heute ja, daß die Beseitigung der Lohnsummensteuer eine Reform war, die die intendierten Beschäftigungseffekte nicht erbracht hat, ganz im Gegenteil. Man sollte den Mut haben, das einzusehen und zu korrigieren.

Weitere Handlungsbedarfe: Finanzverfassung, Sozialsystem, Regulierungen

An dieser Stelle ist im übrigen das Problem der *Finanzverfassung* der Bundesrepublik Deutschland und Europas insgesamt angesprochen. Das wäre allerdings ein Thema für sich. Gerade die finanzielle Situation eines Stadtstaats wie Hamburg macht deutlich, daß eine solche Reform der Finanzverfassung mehr als überfällig ist.

Wenn man vom staatlichen Handlungsbedarf spricht, wird häufig auch das *Sozialsystem* der Bundesrepublik Deutschland angesprochen. Als besonders drückend gelten die Lohnnebenkosten. Zunächst ist darauf zu verweisen, daß der größere Teil derselben auf Tarifvereinbarungen der Sozialparteien beruht, insofern kein Betätigungsfeld des Staates darstellen. Es kann aber kein Zweifel daran bestehen, daß daneben auch Lohnnebenkosten stehen, die staatlich verantwortet werden. Es dürfte aber eher unrealistisch sein, an dieser Stelle wesentliche Veränderungen in Richtung auf eine Senkung der Lohnnebenkosten zu erwarten. Vor dem Hintergrund der demographischen Entwicklung wäre schon viel erreicht, wenn ein weiteres Steigen verhindert werden könnte.

Im übrigen sind an dieser Stelle Vor- und Nachteile des Standorts Bundesrepublik gegeneinander abzuwägen. Hohe Produktivität, geringe Streikhäufigkeit, Innovationsbereitschaft der Belegschaft sind Faktoren, die auf der positiven Seite berücksichtigt werden müssen. Ihnen stehen Kosten gegenüber, die durch das deutsche Sozialsystem verursacht sind. Per Saldo spricht nach wie vor vieles dafür, daß gerade in diesem Bereich die Bilanz positiv ist.

Häufig werden diese Vor- und Nachteile auch im Zusammenhang mit *Regulierungen* diskutiert. Dies ist teilweise richtig, es spricht aber viel dafür, daß die hier liegenden Möglichkeiten überschätzt werden. Für einen Teil der Regulierungen gilt das eben für das Sozialsystem gesagte. Ein anderer Teil ist im wesentlichen tarifvertraglich vereinbart. Ein weiterer Teil ist Ergebnis eines inzwischen gravierend veränderten gesellschaftlichen Bewußtseins, wie man dies insbesondere am Beispiel der Umwelt deutlich machen kann.

Ein Fazit

Faßt man die in diesem Referat angestellten Überlegungen zusammen, zeigt sich, daß es um den Wirtschaftsstandort Bundesrepublik *nicht so schlecht bestellt ist wie immer behauptet wird.* Dieses gilt auch bei mittelfristiger Betrachtung.

Wer die Wettbewerbsfähigkeit von Volkswirtschaften vergleichen will, darf nicht isolierte Einzelfaktoren herausgreifen. Ein Vergleich nur von Lohnkosten, nur von Steuerbelastungszahlen oder nur von Arbeitszeiten führt in die Irre. Ein sachgerechter Vergleich muß die *gesamte Kosten- und Leistungspalette* einer Volkswirtschaft einbeziehen:

- Vergleichsweise hohe Kosten für die soziale Sicherung können eben auch als Garant für sozialen Konsens betrachtet werden.

- Vergleichsweise kürzere Arbeitszeiten und höhere Löhne können eben auch als Pendant zu besonders hoher Produktivität betrachtet werden.

- Vergleichsweise höhere Steuern sind Voraussetzung für ein gut ausgebautes System der öffentlichen Infrastruktur und öffentlicher Dienstleistungen.

Die wirtschaftspolitische Strategie der Bundesrepublik hat ihre Erfolge auch in der Vergangenheit nie damit erzielt, Standards zu senken, um wettbewerbsfähig zu bleiben. Umgekehrt hat die Strategie zu Recht immer darin bestanden, *hohe und weiter steigende Standards durch gesteigerte Leistungsfähigkeit zu verdienen.* Das System veränderlicher Wechselkurse verbietet, daß man dabei die wirtschaftlichen Gegebenheiten übersieht.

Selbstverständlich bleiben immer alle an Wirtschaftspolitik Beteiligten aufgefordert, das ihre zur Verbesserung von staatlicher Rahmensetzung und des Wirtschaftsprozesses zu tun. Im hier diskutierten Bereich sind insbesondere *Marktpartner* und *Tarifparteien* gefordert.

Auch der Staat kann und soll hier einen Beitrag leisten. Man darf den direkten Beitrag an dieser Stelle allerdings nicht überschätzen. Sehr viel wichtiger wäre im Zweifel eine *tiefgreifende Reform des öffentlichen Sektors, die die Effizienz staatlicher Daseins- und Zukunftsvorsorge erhöhen* würde. Das käme indirekt auch dem Wirtschaftsstandort zugute, wäre in erster Linie aber eine Voraussetzung dafür, daß wir die gesellschaftlichen Probleme einer Gesellschaft, die nicht mehr Industriegesellschaft ist, bewältigen.

Der Standort Bundesrepublik im Jahre 2010: Langfristige Entwicklungen und Gestaltungsmöglichkeiten

Hans J. Barth

Welchen Sinn machen langfristige Prognosen?

Wie wird die Bundesrepublik in zwanzig Jahren aussehen? Man kann diese Frage aus reiner Neugier stellen, man kann sie aber auch stellen, weil man von der Antwort *Orientierung für zukunftsgerichtete Entscheidungen* erhofft. Auf den ersten Blick mag ein Zeithorizont von zwei Jahrzehnten als recht weit gegriffen erscheinen; bei näherem Hinsehen zeigt sich jedoch, daß es gar nicht so wenig heute zu treffende Entscheidungen gibt, bei denen es sinnvoll und notwendig ist, eine solche Zeitspanne ins Kalkül zu ziehen: Wer als Politiker für die Verkehrswegeplanung zuständig ist, wer über Weichenstellungen für die künftige Energieversorgung befindet, wer für ein zukunftsgerechtes Bildungssystem Verantwortung trägt und wer Reformen der gesetzlichen Krankenversicherungen wie der gesetzlichen Rentenversicherung auf den Weg bringt, muß einen längeren Zeitraum im Auge haben als nur die nächsten paar Jahre. Es liegt auf der Hand, daß dies auch für die Verantwortlichen in Unternehmen gilt, die ihr Tätigkeitsfeld in den genannten Bereichen haben, ob es sich um Bauunternehmen und Fahrzeughersteller, um Energieversorger und Produzenten einschlägiger Ausrüstungen oder auch um Versicherungsunternehmen handelt. Überall, wo es um grundlegende Weichenstellungen und um strategische Planung geht, spielen längerfristige Veränderungen des wirtschaftlichen und gesellschaftlichen Umfeldes eine wichtige Rolle.

Eine andere Frage ist, ob wir heute mit Fug und Recht schon etwas über den Standort Bundesrepublik im Jahr 2010 sagen können, was über reine Spekulation hinausgeht. Die Antwort lautet mit Sicherheit nein, wenn der Anspruch darin besteht, heute bereits vorauszusagen, um welchen Prozentsatz die deutsche Wirtschaft im Jahre 2010 im Vergleich zum Jahr davor wachsen wird, wieviel die Konsumenten für die Lebenshaltung mehr ausgeben müssen, oder was ein Kontokorrentkredit dann an Zinsen kostet. Darüber heute Prognosen stellen zu wollen, wäre schlicht unseriös, und es wäre auch ein sinnloses Unterfangen, weil niemand - kein Politiker und kein Unternehmer - derartige Informationen für seine heutige Planung benötigt, auch dort nicht, wo diese weit in die Zukunft reicht. Was für politische Grundsatzentscheidungen und für die strategische Unternehmensplanung als Orientierungshilfe benötigt wird, sind Vorstellungen über die Veränderung des gesellschaftlichen und wirtschaftlichen Umfeldes, die sich hinter dem kurzfristigen Auf und Ab der Konjunktur vollziehen, wobei es keine große Rolle spielt, ob das Bild, das man dabei für das Jahr 2010 gewinnt, genau dieses Jahr oder eines der Nachbarjahre trifft. Um die *grundlegenden Entwicklungstendenzen* also geht es, und hier ist man keineswegs nur auf Spekulationen angewiesen.

Eine Reihe von Veränderungen, die auf die deutsche Wirtschaft und Gesellschaft zukommen werden, sind im Ansatz heute schon zu erkennen, angefangen von der zunehmenden Globalisierung der Märkte über die Verschiebungen in der Altersstruktur der Bevölkerung und den Wandel gesellschaftlicher Verhaltensweisen bis hin zu den vielfältigen Neuerungen, die der technische Fortschritt mit sich bringt. Welche Folgen sich daraus im einzelnen für den Standort Bundesrepublik im Jahr 2010 ergeben, liegt damit freilich noch nicht fest. Jede Veränderung birgt neben Risiken auch Chancen. Das heißt, es bleiben Gestaltungsmöglichkeiten offen. Wie sich der Standort Bundesrepublik in zwanzig Jahren präsentiert, ist nicht zuletzt auch davon abhängig, wie ihre Menschen und Institutionen diese Möglichkeiten nutzen.

Grundlegende Entwicklungstendenzen

Eine erste Annäherung an dieses Thema ist durch einen Blick auf die *grundlegenden Entwicklungstendenzen* zu gewinnen.

Was zunächst die *außenwirtschaftliche Seite* betrifft, so bedarf es keiner hellseherischen Fähigkeiten um vorauszusehen, daß sich der internationale Wettbewerb in Zukunft noch verschärfen wird, weil die Märkte immer enger zusammenwachsen. Dafür gibt es eine Reihe von Gründen:

- Da ist der technische Fortschritt zu nennen, der zum einen - man denke an die Informations- und Kommunikationstechniken - die Distanzüberwindungskosten immer stärker schrumpfen läßt und zum anderen eine möglichst schnelle Ausnutzung technologischer Wettbewerbsvorteile notwendig macht, damit die immensen Entwicklungskosten amortisiert werden können, was zunehmend globale Marketingstrategien erfordert.

- Ein anderer Grund liegt darin, daß die gravierenden Verschuldungsprobleme der Entwicklungsländer letztlich nur gelöst werden können, wenn diese Länder in den Stand gesetzt werden, die Devisen, die sie zur Bedienung ihrer Schulden brauchen, durch vermehrte Exporterlöse zu erwirtschaften. In ihrem eigenen Interesse werden die Industrieländer folglich gar nicht umhin können, ihre Märkte weiter, als es bisher der Fall ist, für Produkte der Entwicklungsländer zu öffnen.

- Untereinander werden sich die Industrieländer den Rang abzulaufen versuchen. Den europäischen Ländern bleibt gar keine andere Wahl, als enger zusammenzurücken, wenn sie gegenüber den Vereinigten Staaten und Japan nicht ins Hintertreffen geraten wollen. Mit dem Beschluß, die noch bestehenden administrativen und technischen Schranken zwischen den EG-Ländern bis Ende 1992 abzubauen, sind die Weichen dafür gestellt. Selbst wenn der Zeitplan nicht ganz eingehalten werden sollte, nimmt der gemeinsame Binnenmarkt doch zunehmend Gestalt an.

Das alles führt auf der einen Seite zu einem steigenden Konkurrenzdruck, auf der anderen Seite aber auch zu einer größeren Nachfragedynamik und damit zu vermehrten Absatzchancen für Unternehmen, die von den Produkten, den Kosten und dem Marketing her im Wettbewerb mithalten können.

Absehbar ist ferner, daß die *Einwohnerzahl* in der Bundesrepublik sinken wird und daß *weniger Kindern und Jugendlichen mehr Ältere* gegenüberstehen werden. Diese Prognose läßt sich mit recht großer Sicherheit aus der Alters- und Geschlechtsstruktur der gegenwärtigen Bevölkerung und den sogenannten natürlichen Determinanten der Bevölkerungsentwicklung, das heißt der Geburten- und der Sterbehäufigkeit, ableiten.

Weitere medizinische Fortschritte, ein wachsendes Gesundheitsbewußtsein, vermehrte Gesundheitsvorsorge und eine weitere Abnahme besonders gesundheitsgefährdender und unfallträchtiger Arbeitsplätze werden die durchschnittliche Lebenserwartung zwar weiter steigen lassen. Bei der rückläufigen Zahl der Frauen in der Altersgruppe von zwanzig bis vierzig Jahren müßte die Geburtenhäufigkeit jedoch in einem für gänzlich unrealistisch zu haltenden Ausmaß zunehmen, wenn die Zahl der Geburten auch nur annähernd an die der Sterbefälle heranreichen sollte.

Daß die Geburtenziffern seit Ende der sechziger Jahre stark zurückgegangen sind, hängt keineswegs nur mit dem sogenannten Pillenknick zusammen. Eine wichtige Rolle spielt vielmehr auch, daß Frauen heute länger in der Ausbildung sind als früher, später heiraten und zunächst einmal mitverdienen, so daß sie bei der Geburt ihres ersten Kindes im Durchschnitt älter sind als vor zehn, zwanzig Jahren, was wiederum zur Folge hat, daß das erste Kind häufiger auch das einzige bleibt. Die Geburtenhäufigkeit wird sich daher aller Voraussicht nach künftig noch stärker als bisher auf die Frauen im Alter von 25 bis 35 Jahren konzentrieren und damit in dieser Altersgruppe zwar einen gewissen Anstieg aufweisen; bei den jüngeren und den älteren Frauen dürfte die Geburtenhäufigkeit hingegen weiter abnehmen. Das Geburtendefizit wird sich damit noch vergrößern, jenseits des Jahres 2000 sogar beschleunigt. Zuwanderungen von außen können das in gewissem Umfang wettmachen. Daß sie das Defizit ganz kompensieren, ist jedoch kaum zu erwarten.

Der *Einstellungswandel* in bezug auf Familie und Kinder und das veränderte Rollenverständnis von Mann und Frau, das die demographischen Veränderungen zum Teil erklärt, ist Ausdruck eines *Wertewandels*, der als weitere Grundtendenz auch viele andere Bereiche des gesellschaftlichen und wirtschaftlichen Lebens beeinflußt:

- Im gesellschaftlichen Bereich äußert sich das in einer abnehmenden Bereitschaft, die Wahrung eigener Interessen kollektiven Entscheidungen anzuvertrauen mit der Folge einer kritischeren Haltung gegenüber staatlichen Instanzen und etablierten Parteien, was bei den einen zu einem Engagement in Bürgerinitiativen führt, bei den anderen, und das ist im Zweifel die Mehrheit, zu einem Rückzug ins Private.

- In wirtschaftlicher Hinsicht zeigt sich die Veränderung der Wertvorstellungen unter anderem in einem gestiegenen Umweltbewußtsein, in einer skeptischeren Einstellung gegenüber dem technischen Fortschritt, in Veränderungen des Erwerbsverhaltens und der Leistungsmotivation und nicht zuletzt im Ausgabeverhalten.

Die Schlußfolgerung, daß dies alles auf eine Verschlechterung der Standortbedingungen in der Bundesrepublik hinauslaufe, wie häufig behauptet wird, wäre jedoch voreilig. So trifft etwa das Schlagwort von der abnehmenden Leistungsbereitschaft allenfalls die halbe Wahrheit. Richtig ist sicher, daß die Distanziertheit zur Arbeit in dem Sinne zunimmt, daß sie für viele - vor allem in der jüngeren Generation - heute eher Mittel zum Zweck als Lebensmittelpunkt ist, und daß Freizeit entsprechend hoch im Kurs steht. Festzustellen ist aber auch, daß die Zahl derer, die sich selbständig machen und dafür weit mehr als vierzig Stunden in der Woche zu arbeiten bereit sind, wieder steigt, daß immer mehr Frauen - auch und gerade verheiratete Frauen, die finanziell versorgt sind - erwerbstätig sein wollen und daß das Sozialprestige, das von der beruflichen Stellung ausgeht, an Bedeutung eher zunimmt. Schneller Aufstieg und hohes Einkommen zählen zwar nicht mehr so viel wie früher, wenn dies mit Einschränkungen an persönlicher Freiheit erkauft werden muß; dafür erfahren jedoch die Arbeitsinhalte eine deutliche Aufwertung. Die Arbeit soll den eigenen Interessen und Fähigkeiten Raum geben, interessant sein, selbständiges Handeln erlauben. Sind diese Voraussetzungen erfüllt, dann ist die Bereitschaft zur Leistung durchaus vorhanden. Auch die größere Sensibilität gegenüber der Schädigung der Umwelt und möglichen negativen Folgewirkungen der Technik ist nicht nur negativ zu sehen. Sie kann auch positive Kräfte freisetzen, wenn sie als Herausforderung zum Strukturwandel und zu einer unvoreingenommenen Auseinandersetzung nicht nur mit den wirtschaftlichen, sondern auch mit den sozialen Auswirkungen technischer Neuerungen genutzt wird. Nach wie vor, so scheint es, ist sich die Mehrheit der Bevölkerung durchaus bewußt, daß sich ein wachsender Lebensstandard und mehr Lebensqualität zusammen nur mit und nicht ohne technischen Fortschritt erreichen lassen.

Damit ist dann eine weitere wesentliche Determinante der künftigen Standortqualität angesprochen. Niemand kann heute mit Sicherheit sagen, zu welchen *Veränderungen von Produkten und Verfahren* der technische Fortschritt bis zum Jahr 2010 in den verschiedenen Wirtschaftsbereichen im einzelnen führen wird. Denn nicht alles, was technisch möglich ist, ist damit auch schon wirtschaftlich rentabel. Von den groben Konturen her ist die künftige Entwicklung aber zu erkennen.

- So wird die rapide Leistungssteigerung der Mikroelektronik nicht nur die Automatisierung der Industrieproduktion wie die weitere Computerisierung der Bürokommunikation weiter fördern, sondern auch das Vordringen neuer Dienstleistungen, von den Medien über Verkehrsleitsysteme bis hin zum Teleshopping im Einzelhandel.

- Im Bereich der Verfahrenstechniken sind darüber hinaus neue Test- und Qualitätskontrollverfahren, neue Materialbearbeitungsprozesse und neue Verfahren der Rohstoffgewinnung zu nennen.

- Erwähnt seien ferner neue Umweltschutztechniken zur Entgiftung, Entstaubung oder Geräuschdämmung der Produktion sowie neue Recyclingtechniken zur Verminderung des Rohstoffverbrauchs und zur Reduktion der Produktionsabfälle.

- Anzuführen sind schließlich neue Materialien und Werkstoffe, ob man Keramiken, neue Metallegierungen, faserverstärkte Kunststoffe oder sonstige neue Verbundwerkstoffe als Beispiele dafür nimmt.

Das Tempo des technischen Fortschritts wird nicht zuletzt vom internationalen Wettbewerb bestimmt. Es ist aber auch vom Innovationsklima in den einzelnen Unternehmen wie in der Wirtschaft im ganzen abhängig. Und damit sind nicht nur die Akzeptanzprobleme oder die Finanzierungsbedingungen gemeint. In vielen Fällen ziehen sich Innovationen heute schon hin, weil es an genügend Mitarbeitern fehlt, die mit den neuen Techniken umgehen können; für die Zukunft ist mit einer Verschärfung dieser Personalprobleme zu rechnen.

Was das gesamtwirtschaftliche Innovationsklima betrifft, so ist einerseits zu konstatieren, daß der Staat Forschung und Entwicklung inzwischen mit einer Vielzahl von Instrumenten fördert, daß andererseits aber in wichtigen Politikbereichen Unklarheiten fortbestehen, die erhebliche Innovationshemmnisse für die betroffenen Unternehmen darstellen, so etwa in der künftigen Energiepolitik oder in der Umweltpolitik, um nur zwei Beispiele zu nennen. Ausufernde Genehmigungsverfahren und immer längere Rechtswege kommen hinzu mit der Folge, daß das Behördenrisiko für ein innovatives Unternehmen oft größer ist als das Marktrisiko.

Gesellschafts- und wirtschaftspolitische Gestaltungsmöglichkeiten

Was für den technischen Fortschritt gilt, gilt grundsätzlich auch für die außenwirtschaftlichen, die demographischen und die gesellschaftlichen Grundtendenzen: Wie stark sie zur Wirkung kommen und zu welchen Ergebnissen sie letztlich führen werden, hängt mit davon ab, wie *bestehende Gestaltungsmöglichkeiten genutzt* werden.

In *außenwirtschaftlicher Hinsicht* sind die Gestaltungsmöglichkeiten aus naheliegenden Gründen begrenzt. Bei dem Gewicht, das die Bundesrepublik in der Weltwirtschaft und insbesondere in der Europäischen Gemeinschaft hat, ist es jedoch nicht ohne Belang, wie stark sie sich im Nord-Süd-Dialog für einen freieren Zugang der Entwicklungsländer zu den Märkten der Industrieländer einsetzt und mit welchem Nachdruck sie auf dem Weg zum einheitlichen europäischen Binnenmarkt dafür wirbt, daß der Abbau der innergemeinschaftlichen Grenzen nicht zu verstärkter Abschottung gegenüber Drittländern führt und daß nationale Marktregulierungen nicht nur durch Brüsseler Regulierungen ersetzt werden, sondern die Regulierungsdichte im ganzen sinkt. Bis zu einem gewissen Grad dürfte das deutsche Beispiel zudem Schule machen. Je nach dem wird man folglich mit einem kräftigeren oder mit einem schwächeren Wachstum des internationalen Handels rechnen können, was dann wiederum auf die Absatzchancen für deutsche Produkte europa- und weltweit zurückwirkt.

Ganz neue Perspektiven könnten sich auch im Ostgeschäft eröffnen, wenngleich hier die Unsicherheiten nach wie vor groß sind. Immerhin: Das mit Gorbatschow veränderte Ost-West-Klima und die in der Sowjetunion angestrebte "Öffnung und Erneuerung" bieten Ansatzpunkte für eine Ausweitung der Beziehungen, und dies gerade aus deutscher Sicht.

Was die *demographische Entwicklung* in der Bundesrepublik betrifft, so sind die Möglichkeiten, sie zu beeinflussen, umstritten. Die Vorstellung, die sich häufig bei Familienpolitikern findet, man könne dem wachsenden Geburtendefizit mit höheren Kindergeldzahlungen begegnen, ist aller Erfahrung nach wenig realistisch. Mehr Erfolg mag da schon eine Politik versprechen, die es Frauen erleichtert, Berufstätigkeit und Kinderbetreuung miteinander in Einklang zu bringen, doch liegen die Dinge auch hier nicht so einfach, als daß man von mehr Teilzeitstellen, mehr Kinderkrippen und mehr Ganztagsschulen mehr als eine graduelle Erhöhung der Geburtenhäufigkeit erwarten könnte; und selbst wenn es dazu käme, würde das nichts an der Tatsache ändern, daß von der zweiten Hälfte der neunziger Jahre an wieder weniger Kinder geboren werden, weil die Zahl der potentiellen Mütter, d.h. der Frauen im Alter von zwanzig bis vierzig Jahren, dann sinkt.

Im wesentlichen bleibt die Beeinflußbarkeit der Bevölkerungsentwicklung somit auf die Handlungsspielräume in bezug auf die Zuwanderungen beschränkt. Aussiedlern kann der Zuzug erleichtert werden, Asylverfahren können großzügiger gehandhabt, und die Freizügigkeit innerhalb der Europäischen Gemeinschaft kann auch auf assoziierte Länder wie die Türkei ausgedehnt werden. Bei günstiger Wirtschaftsentwicklung sind die Handlungsspielräume sicher größer als bei ungünstiger Entwicklung. Auch sonst hat eine auf verstärkte Zuwanderungsgewinne zielende Politik jedoch ihre Grenzen. So darf man nicht übersehen, daß sich die Beschäftigungschancen für ungelernte Arbeitskräfte, zu denen die Zuwanderer häufig zählen, in der

Bundesrepublik im Zuge des technischen Fortschritts künftig eher verschlechtern, von den Herausforderungen an die soziale Infrastruktur ganz zu schweigen, die ein ständiger massiver Zuwanderungsstrom mit sich bringen würde.

Bei den Vorausschätzungen der Prognos wird davon ausgegangen, daß die deutsche Wohnbevölkerung im Jahre 2010 mit 52,7 Millionen um rund 3,8 Millionen Personen niedriger sein wird als 1986, während die ausländische Wohnbevölkerung bei günstiger Wirtschaftsentwicklung dann mit 5,6 Millionen um knapp eine Million, bei ungünstiger Entwicklung mit 5,2 Millionen um knapp 600.000 Personen höher sein wird. Insgesamt rechnen wir also für das Jahr 2010 mit einer Einwohnerzahl in der Bundesrepublik zwischen 57,9 und 58,3 Millionen, verglichen mit 61,1 Millionen im Jahre 1986.

Während sich der Rückgang zunächst vor allem auf die Jugendlichen konzentriert, wird er von der zweiten Hälfte der neunziger Jahre an mehr und mehr auch die Altersgruppe der jungen Erwachsenen erfassen; die Zahl der älteren Einwohner wird hingegen deutlich steigen. Konkret heißt das:

- Statt neun Millionen Kinder im Alter bis 14 Jahre wird es im Jahr 2010 voraussichtlich nur noch rund acht Millionen geben, und statt knapp zehn Millionen Jugendlicher im Alter von 15 bis 24 Jahren werden es dann nur mehr 6,5 Millionen sein.

- Die Zahl der 25- bis 34-jährigen, der jungen Erwachsenen also, wird bis Mitte der neunziger Jahre zwar noch auf etwas über zehn Millionen ansteigen, dann aber bis zum Jahr 2010 um mehr als vier Millionen zurückgehen.

- Die Zahl der über 65-jährigen wird hingegen von rund 9,3 Millionen auf rund 11,3 Millionen ansteigen.

Das heißt, im Jahr 2010 werden fast zwanzig Prozent der Bevölkerung älter als 65 Jahre sein, verglichen mit gut fünfzehn Prozent heute. Bezogen auf die Bevölkerung im Erwerbsalter - das sind nach der üblichen Definition die 20- bis 65-jährigen - wird der Anteil der Älteren sogar von 24 Prozent auf 32 Prozent steigen.

Man braucht keine große Phantasie, um sich auszumalen, daß der Bevölkerungsrückgang und die Verschiebung der Altersstruktur erhebliche Auswirkungen haben werden, und zwar auf die gesamtwirtschaftliche Nachfrage und den Arbeitsmarkt ebenso wie auf den Bedarf an Infrastruktur und auf die sozialen Sicherungssysteme. Nicht ausgemacht ist dagegen, daß es nur negative Auswirkungen sein werden.

Einige wenige Beispiele genügen, um das deutlich zu machen. So muß die rückläufige Jahrgangsstärke der Kinder und Jugendlichen keineswegs dazu führen, daß künftig mehr und mehr Schulen leerstehen und Lehrer unbeschäftigt sind. Die Bildung kleinerer Klassen macht eine intensivere Beschäftigung mit dem einzelnen Schüler möglich, und die vorhandene Infrastruktur kann für die berufliche Weiterbildung genutzt werden, die immer dringlicher wird. Daß für weniger Einwohner weniger neue Häuser und weniger neue Straßen gebaut werden müssen, muß ebenfalls kein Schaden sein, wenn man bedenkt, wieviel private und staatliche Mittel dadurch frei werden, die in die Modernisierung des vorhandenen Wohnungsbestands und in die Erneuerung von Dörfern und Städten gesteckt werden können oder in einen verstärkten Schutz der Umwelt.

Im Sozialbereich werden sich die Probleme zweifellos verschärfen. Am stärksten ist - wie allgemein bekannt - die gesetzliche Rentenversicherung davon betroffen. Wie schwer die Belastungen wiegen werden, die sich aus der Verschiebung in der Altersstruktur der Bevölkerung ergeben, läßt sich am Anstieg des sogenannten Altenkoeffizienten allein jedoch nicht ablesen. Denn für die künftige Entwicklung der Rentenfinanzen kommt es nicht nur darauf an, wie sich das zahlenmäßige Verhältnis zwischen der Bevölkerung im Rentenalter und der Bevölkerung im Erwerbsalter entwickelt. Ebenso wichtig ist, wie viele der Einwohner im Erwerbsalter tatsächlich abhängig beschäftigt sind und wieviel sie jeweils verdienen, ferner wieviele der Einwohner im Rentenalter einen Rentenanspruch haben und wie hoch dieser jeweils ist. Beides ist außer von der Bevölkerungsentwicklung auch von der Wirtschaftsentwicklung abhängig, die zugleich über die Belastbarkeit der Erwerbseinkommen mit entscheidet. Und bei der Belastbarkeit wiederum spielen neben den Beiträgen zur Rentenversicherung auch die übrigen Sozialbeiträge sowie die Steuerbelastung eine wichtige Rolle, die ihrerseits auch davon abhängt, was dem Staat aufgrund der Wirtschaftsentwicklung an Einnahmen zufließt und was ihm aufgrund der demographischen Entwicklung an Ausgaben zuwächst oder auch erspart bleibt.

Modellrechnungen, die dazu von der Prognos durchgeführt wurden, zeigen, daß die Abgabenbelastung insgesamt desto eher zu verkraften ist, je mehr die Wirtschaft wächst, oder anders ausgedrückt, daß Wachstumspolitik immer noch die beste Sozialpolitik ist.

Diese Feststellung leitet unmittelbar über zu den *wirtschaftspolitischen Gestaltungsmöglichkeiten*. Hier sind die Grenzen noch am weitesten gesteckt. Allerdings: Nicht alles, was sich an wirtschaftspolitischen Vorhaben in Parteiprogrammen findet, ist mit den Realisierungsmöglichkeiten im Einklang. Orientiert man sich an den Problembereichen, so lassen sich für die künftige Wirtschaftspolitik zwei alternative Szenarien entwerfen, ein eher optimistisches und ein eher pessimistisches.

Das optimistische Szenario kann man wie folgt umreißen:

- Der Finanzpolitik gelingt es, die Steuerbelastung nicht nur vorübergehend, sondern nachhaltig zu senken und der Förderung rentabler neuer Arbeitsplätze den Vorrang vor der Subventionierung unrentabler alter Arbeitsplätze zu geben.

- Der beschleunigte Strukturwandel, der damit verbunden ist, mindert die Umweltbelastung, so daß es weniger administrativer Regelungen und Vorschriften bedarf, weitere Schädigungen zu vermeiden.

- In der Energiepolitik kommt es zu einem Konsens über die Anteile, die die verschiedenen Energieträger auf längere Sicht an der Energieversorgung haben sollen, so daß für Investitionsplanungen insoweit bestehende Unklarheiten beseitigt werden.

- Für die Gewerkschaften schließlich steht die Verbesserung der Beschäftigungsmöglichkeiten und nicht Umverteilung im Vordergrund. Die Löhne steigen weniger als Produktivität und Preise, die Differenz geht zugunsten der Unternehmenserträge.

Das pessimistische Szenario präsentiert sich entsprechend in dunkleren Farben:

- Wachsende Subventionsansprüche und zunehmende Soziallasten lassen die Ausgaben des Staates stärker als das Sozialprodukt steigen, die Steuerbelastung nimmt noch zu, und außerdem ist eine höhere Kreditaufnahme des Staates nötig.

- Da der Strukturwandel nicht recht vorankommt und somit dessen umweltentlastender Effekt gering bleibt, wird Umweltschutz in verstärktem Maße über eine Verschärfung von Auflagen und Vorschriften betrieben.

- In der Energiepolitik wird der Ausstieg aus der Kernenergie geprobt, aber kein Konzept für die Sicherung einer verläßlichen und kostengünstigen Energieversorgung entwickelt.

- Die Gewerkschaften versuchen, die beschäftigungspolitischen Ziele über eine forcierte Verkürzung der Arbeitszeit bei vollem Lohnausgleich zu erreichen, mit der Folge, daß es vermehrt zu Engpässen bei qualifiziertem Personal kommt und daß außerdem die Lohnsteigerungen im ganzen deutlich über das kostenneutrale Maß hinausgehen und die Unternehmenserträge trotz höherer Preissteigerungen unter Druck geraten.

Am realistischsten ist wahrscheinlich ein Szenario, das zwischen den beiden skizzierten liegt, weil die politische Durchsetzungskraft, die für die Realisierung des optimistischen Szenarios notwendig wäre, aller Erfahrung nach fehlen dürfte und weil umgekehrt die negativen Folgen der im pessimistischen Szenario unterstellten Politik recht bald so deutlich würden, daß es über kurz oder lang zu Kurskorrekturen käme.

Im Klartext: So wenig eine Regierung, die mehr Markt und weniger Staat auf ihre Fahnen geschrieben hat, daran vorbeikommt, daß Landwirtschaft, Bergbau, Stahlindustrie und Werften, die Bundesbahn und die Sozialsysteme auch künftig hohe staatliche Zuwendungen fordern, so wenig käme eine Regierung, die sich von groß dimensionierten staatlichen Ausgabenprogrammen und einer forcierten Arbeitszeitverkürzung mehr verspricht, daran vorbei, daß solche Programme ebenso wie Arbeitszeitverkürzungen finanziert werden müssen und daß dem enge Grenzen gesetzt sind, wenn der Abwanderung in die Schattenwirtschaft nicht weiter Vorschub geleistet werden soll.

Bilder des Standorts Bundesrepublik im Jahre 2010

Was bedeutet das alles für die Wachstumsperspektiven? Unter der Annahme, daß die Wirtschaftspolitik einen Kurs steuert, der in etwa auf der Mitte zwischen den beiden skizzierten Szenarien liegt, schätzt die Prognos das durchschnittliche Wirtschaftswachstum in den nächsten zwanzig Jahren auf knapp 2,5 Prozent; in den neunziger Jahren dürfte es, mitbedingt durch die Impulse, die von der Realisierung des Europäischen Binnenmarktes ausgehen, leicht über dieser Durchschnittsrate liegen, und im Jahrzehnt danach leicht darunter.

Das *reale Sozialprodukt* dürfte dann im Jahr 2010 - in Preisen von 1980 gerechnet - eine Größenordnung von 2.800 Milliarden Mark erreichen, verglichen mit 1.700 Milliarden Mark im Jahre 1988. Während der Anteil, der davon auf den Staatsverbrauch und auf die Bauinvestitionen entfällt, dann etwas niedriger sein dürfte als heute, wird der Anteil der Exporte, aber auch der der Importe, aller Voraussicht nach etwas höher sein. Auf den privaten Verbrauch dürfte weiterhin etwas mehr als die Hälfte des Sozialprodukts entfallen.

Wegen der steigenden Abgabenbelastung werden die *Nettoeinkommen* der Arbeitnehmer und Selbständigen zwar weniger zunehmen als die Bruttoeinkommen; das wird jedoch zum Teil dadurch kompensiert, daß die Zahl der Doppelverdienerhaushalte weiter steigt, weil mehr Frauen erwerbstätig sein werden. Hinzu kommt, daß die Renteneinkommen neben den Erwerbseinkommen eine zunehmende Rolle spielen. Alles in allem dürfte das verfügbare Einkommen der privaten Haushalte daher mit annähernd der gleichen Rate wie das Sozialprodukt steigen. Das heißt, je Kopf - also Kinder und Greise mitgerechnet - dürfte sich das verfügbare Realeinkommen, das 1988 aufs Jahr gesehen bei knapp 18.000 Mark lag, im Jahr 2010 auf gut 30.000 Mark belaufen.

Daß die Haushalte mit dem höheren Einkommen nichts mehr anzufangen wissen, ist wenig wahrscheinlich. Von einer generellen Bedarfssättigung wird auch im Jahr 2010 kaum die Rede sein können. Eine andere Frage ist, wofür die Haushalte ihr Geld ausgeben werden. Die Ausgabenstruktur, so viel ist abzusehen, wird sich von der heutigen um einiges unterscheiden:

- Für Nahrungsmittel, Bekleidung und Energie wird ein geringerer Teil des Einkommens ausgegeben werden, für Gesundheit, Sicherheit, Bildung, Unterhaltung und Freizeit ein deutlich größerer Teil.

- Generell werden darüber hinaus höhere Qualitätsansprüche gestellt werden. Außerdem werden Produkte und Dienstleistungen, die den eigenen Stil des Kunden unterstreichen und seinen individuellen Wünschen entgegenkommen, vermehrt Massenprodukten und Pauschalleistungen vorgezogen werden.

Soviel zur Einkommensentwicklung und zur Einkommensverwendung.

Auch das Bild der *sektoralen Wirtschaftsstruktur* wird im Jahr 2010 nicht mehr die gleichen Konturen haben wie heute. Denn von den Herausforderungen, die von den Verschiebungen der Nachfragestruktur, von der zunehmenden Internationalisierung der Märkte, vom technischen Fortschritt und von den Veränderungen der wirtschaftspolitischen Rahmenbedingungen ausgehen, sind die einzelnen Wirtschaftsbereiche in unterschiedlichem Maße betroffen, und nicht allen bieten sich die gleichen Anpassungschancen.

Auf *Anteilseinbußen* müssen sich außer der Landwirtschaft, dem Bergbau und den Energieversorgern auch das Baugewerbe und eine Reihe von Industriezweigen, vor allem im Grundstoff- und Produktionsgüterbereich und in Teilen des Verbrauchsgüterbereiches, einstellen, während die Investitionsgüterhersteller ihre Position im großen und ganzen behaupten dürften. Zu den Gewinnern wird demgegenüber der Dienstleistungssektor zählen. Schon heute stammen in der Bundesrepublik gut 56 Prozent der gesamtwirtschaftlichen Wertschöpfung aus den Leistungen des Handels und des Verkehrsgewerbes, der Post, des Kredit- und Versicherungsgewerbes, der Medien, des Hotel- und Gaststättengewerbes, der freien Berufe sowie sonstiger privater Dienstleistungsunternehmen und des Staates. Im Jahr 2010 dürften diese Wirtschaftsbereiche zusammen rund zwei Drittel der gesamtwirtschaftlichen Leistung erbringen.

So gesehen hat es durchaus seine Berechtigung, vom *Übergang zur Dienstleistungsgesellschaft* zu sprechen. Das heißt jedoch nicht, daß Dienstleistungen über kurz oder lang die industrielle Produktion weitgehend ersetzen könnten. In vielen Fällen sind beide komplementär, und es sind gerade die produktionsbezogenen Dienstleistungen, die am schnellsten wachsen:

- Je weiter die Diversifizierung der Produktionsstruktur, der Produktionsstandorte und der Absatzmärkte geht, um so mehr Dienstleistungen des Handels, des Verkehrsgewerbes, der Nachrichtenübermittlung sowie der Banken und Versicherungen sind notwendig, damit der Wirtschaftsprozeß reibungslos abläuft.

- Mit der Arbeitsteilung wächst gleichzeitig die Notwendigkeit der Planung und Kontrolle, und mit dieser wiederum steigt der Informationsbedarf. So haben Datenbanken und Softwarehäuser Hochkonjunktur, und Informatiker gehören quer über die Wirtschaft zu den gesuchten Arbeitskräften.

- Der verstärkte Wettbewerbsdruck, der mit der zunehmenden Verflechtung der Märkte einhergeht, erhöht den Bedarf an Forschungs- und Entwicklungsleistungen. Gleichzeitig verlangt die Vermarktung der Produkte mehr Marktforschung und Werbung.

- Da die Umweltverträglichkeit von Produktionsanlagen und Produkten immer wichtiger wird, bedarf es keiner prophetischen Gaben, um in den ersten Umweltberatern, die sich inzwischen etabliert haben, die Vorboten eines weiteren produktionsorientierten Dienstleistungszweiges zu sehen.

Je mehr diese Dienstleistungen zur Effizienzsteigerung der Warenproduktion und damit zur Steigerung unseres Wohlstandes beitragen, um so mehr fördern sie dann auch die Nachfrage nach personen- und gesellschaftsbezogenen Dienstleistungen. Diese wechselseitigen Zusammenhänge gilt es im Blick zu behalten, wenn man falsche Schlüsse in bezug auf die künftige Standortqualität der Bundesrepublik vermeiden will.

Mit ins Bild von den Standortbedingungen im Jahr 2010 gehört ferner, daß es schwerer sein wird als heute, *geeignete Mitarbeiter* zu finden. Als Folge des Bevölkerungsrückgangs und der Verschiebung der Altersstruktur wird das Potential an Personen, die erwerbstätig sein wollen und können, trotz einer vermehrten Berufstätigkeit verheirateter Frauen um etwa 1,5 Millionen auf rund 28 Millionen sinken. Das werden zwar immer noch zwischen einer halben und einer Million Personen mehr sein, als dem zu erwartenden globalen Arbeitskräftebedarf unter Einschluß der Selbständigen im Jahr 2010 entspricht; unter den verbleibenden Arbeitslosen werden sich jedoch qualifizierte Kräfte kaum noch finden.

Noch stärker als die gesamtwirtschaftliche Arbeitsmarktsituation wird sich die *Arbeitsplatzstruktur* von der heutigen unterscheiden, und zwar nicht nur wegen des sektoralen Strukturwandels, sondern auch - und vor allem -, weil die neuen Techniken neue Anforderungen an die Beschäftigten stellen: Manuelle Tätigkeiten in der Produktion werden weiter an Bedeutung verlieren, ebenso einfache Tätigkeiten in Büro und Verwaltung. Dafür werden mehr dispositive sowie kontrollierende und regelnde Tätigkeiten gefragt sein, und in den Dienstleistungsbereichen werden zudem betreuende und beratende Tätigkeiten verstärkt im Vordergrund stehen.

Folgerungen aus unternehmerischer Sicht

Welche Folgerungen lassen sich aus all dem für die strategische Planung in den Unternehmen ziehen? Zunächst einmal ist festzuhalten, daß Veränderungen der Standortbedingungen lediglich das *Umfeld* abstecken. Worauf es ankommt, ist, was das einzelne Unternehmen für sich daraus macht. So wenig die Zugehörigkeit zu einer Branche mit eher ungünstigen Perspektiven besagt, daß sich Einfallsreichtum und Neuerungsaktivitäten nicht auszahlen, so wenig bedeutet die Zugehörigkeit zu einer Wachstumsbranche schon eine Garantie für den künftigen Unternehmenserfolg.

Wer als Unternehmer unverändert auf seine bisherigen Zielgruppen und auf altgewohnte Verhaltensweisen setzt, läuft Gefahr, von der Konkurrenz abgehängt zu werden und sich um Umsatz und Gewinn zu bringen.

Wo künftig gute *Marktchancen* liegen, kann jedes Unternehmen für sich am ehesten herausfinden, wenn es sich fragt: Auf welchen Märkten wächst das Nachfragerpotential, und in welche Richtung verschieben sich die Präferenzen der Kunden? Wo signalisieren daraus resultierende Angebotslücken, daß es sich lohnt, in diese Lücken hineinzustoßen, beispielsweise auf dem wachsenden Altenmarkt? Wo eröffnen neue oder verbesserte Produkte die Möglichkeit, angestammte Märkte zu sichern und neue zu erschließen? Was kommt dem Trend zur Individualisierung, dem wachsenden Qualitätsbewußtsein, der zunehmenden Freizeit, dem steigenden Bedarf an Gesundheits- und Sicherheitsleistungen entgegen?

Da jedes Unternehmen nur so gut sein kann, wie es seine Mitarbeiter sind, spielt die *Personalpolitik* für die Erreichung der strategischen Unternehmensziele eine zunehmend wichtigere Rolle.
Schon in der *Ausbildung* muß möglichst großer Wert auf die Vermittlung von sogenannten *Schlüsselqualifikationen* gelegt werden. Denken in Zusammenhängen gehört dazu, ebenso Abstraktions-, Konzentrations- und Reaktionsvermögen, Selbständigkeit und Organisationstalent. Je ausgeprägter diese Schlüsselqualifikationen ausgebildet sind, um so leichter fällt es später, den jeweiligen spezifischen Tätigkeitsanforderungen entsprechend dazu- oder umzulernen. Da sich aus dem Nachwuchs der Bedarf an Mitarbeitern, die mit den neuen Techniken umgehen können, immer weniger decken läßt, wird die *berufliche Weiterbildung* des vorhandenen Personals immer wichtiger. Breit gefächerte Weiterbildungsangebote können nicht zuletzt auch dazu beitragen, Verunsicherungen der Belegschaften und daraus resultierende Widerstände gegen den technischen Fortschritt abzubauen.

Die beste Personalpolitik stößt in ihrer Wirksamkeit freilich auf Grenzen, wenn sich die *Führungs- und die Organisationsstruktur* nicht mit der Qualifikationsstruktur der Mitarbeiter wandeln. Und noch ein weiteres kommt hinzu: Mit dem Wegfall der Binnengrenzen in Europa werden Führungs- und Organisationsstrukturen verstärkt auf die Verhältnisse des großen gemeinsamen Marktes zugeschnitten sein müssen.

2010 ist keine Odyssee

Langfristprognosen basieren in der Regel auf Szenarien. Diese sind nicht aus der Luft gesogen, sondern fußen auf Annahmen über Parameterentwicklungen und diese auf Annahmen über individuelles und kollektives Verhalten. Einiges liegt in Grenzen fest, anderes ist aber bewußt gestaltbar - und Probleme sind bekanntlich da, um überwunden zu werden. An Herausforderungen jedenfalls besteht in den nächsten zwanzig Jahren kein Mangel - aber jede Herausforderung bietet neben Risiken auch mengenweise Chancen, die es zu nutzen gilt.

Die Autoren

Dr. Hans J. Barth
Vorsitzender der Geschäftsleitung der Prognos AG, Basel

Siegfried Bleicher
Vorstandsvorsitzender der IG Metall, Bereich Automation und Technologie

Paolo Cecchini
ehem. stv. Generaldirektor der Generaldirektion Innerer Markt der Kommission der Europäischen Gemeinschaften, Brüssel

Prof. Dr. Meinolf Dierkes
Direktor am Wissenschaftszentrum Berlin für Sozialforschung gGmbH

Prof. Dr. Hans-Jürgen Krupp
Senator für Finanzen der Freien und Hansestadt Hamburg

Prof. Dr. Johann Löhn
Regierungsbeauftragter für Technologietransfer BadenWürttemberg und Vorstandsvorsitzender der Steinbeis-Stiftung für Wirtschaftsförderung

Prof. Dr. Hans-Karl Schneider
Vorsitzender des Sachverständigenrats zur Begutachtung der gesamtwirtschaftlichen Entwicklung

Arnold Willemsen
Mitglied der Hauptgeschäftsführung des Bundesverbandes der Deutschen Industrie

Prof. Dr. Klaus Zimmermann
Universität der Bundeswehr Hamburg